中国通史
系列

传说时代
夏商西周

的
故
事

【青少年彩图版】

◎主编 龚书铎 刘德麟

江苏人民出版社

图书在版编目（CIP）数据

传说时代·夏·商·西周的故事：青少年彩图版／龚书铎，刘德麟
主编．—南京：江苏人民出版社，2013.1

（中国通史系列）

ISBN 978-7-214-09099-7

Ⅰ．①传… Ⅱ．①龚… ②刘… Ⅲ．①中国历史－上古史－青年
读物②中国历史－上古史－少年读物③中国历史－三代时期－青年读
物④中国历史－三代时期－少年读物 Ⅳ．① K210.9 ② K221.09

中国版本图书馆 CIP 数据核字 (2013) 第 007456 号

中国通史系列（青少年彩图版）

中国通史系列

青少年彩图版

传说时代·夏·商·西周的故事

责 任 编 辑：汪意云
装 帧 设 计：日知图书（www.rzbook.com）
出 版 发 行：凤凰出版传媒股份有限公司
　　　　　　　江苏人民出版社
出版社地址：南京市湖南路 1 号 A 楼
出版社网址：http://www.jspph.com
网　　　店：http://jspph.taobao.com
经　　　销：凤凰出版传媒股份有限公司
照　　　排：江苏凤凰制版有限公司
印　　　刷：北京威远印刷有限公司
开　　　本：787mm×1092mm　　1/16
印　　　张：10
字　　　数：200 千字
版　　　次：2013 年 2 月第 1 版
印　　　次：2014 年 1 月第 2 次印刷
书　　　号：ISBN 978-7-214-09099-7
定　　　价：22.00 元

以史为鉴，可以思接千载，视通万里，可以把握中国社会治乱兴替的内在规律，可以洞悉修齐治平的永恒智慧。然而，让人们全面深入地了解中国历史，掌握中国历史中所蕴含的深层次的东西，并不是一件容易的事。上下五千年之中，人物多，事件多，神话与传说并存，正史与野史交错，头绪繁多，内容庞杂。政治、经济、军事、中外交往、思想、文学、艺术等各方面的内容如果未经梳理就杂乱无章地堆积在一起，那么往往会使读者一头雾水。除了典籍史料所承载的历史之外，文物、遗址、古迹、艺术作品等等，也同样反映着历史的真实。如何把这些东西有机地组织在一起，让读者能够清晰明白地去了解历史，感受历史的真实，无疑成为编辑出版《中国通史系列》一书的缘起。

传说时代·夏·商·西周的故事

前言

《中国通史系列》按照不同的历史分期，通过新的体例、模式来整合讲述中国历史，涵盖政治、经济、军事、中外交往、艺术、思想、科技、社会生活等方方面面，以时间为经，以人物和事件为纬，经纬交织，全面反映每一朝代治乱兴衰的全过程。每一个故事都蕴含了或高亢激昂或哀婉悲壮的场景，让人们重温那一段历史，不断唤起人们内心尘封已久的记忆，与中国历史再次进行亲密接触，深入地寻绎历史中所蕴藏的民族智慧，感悟民族精神。通过文字，可以感受历史镜像，而通过图片，则可以阅读图片中的历史。图片与文字相互映衬，可以立体地反映中国历史，展示中国历史文化的源远流长、博大精深，使读者深刻感受中国文化的底蕴，从而产生一种阅读上的震撼。

在中华民族伟大复兴的时刻，在讨论荣与辱的时候，阅读历史、了解历史、把握历史真实，其意义是显而易见的：历史是民族复兴的内在动力之所在，是何者为荣、何者为耻的感性事例的集中体现和理性判断的一个标尺。在不远的将来，阅读历史、了解历史会成为一种时尚，人们通过历史，可以感受到如何真正实现自我价值，寻找到寄托心灵的精神殿堂。

目录

传说时代·6

⊙ 开天辟地的神话/10

⊙ 女娲造人/14

⊙ 女娲补天/16

⊙ 大神伏羲/18

⊙ 燧人氏钻木取火/22

⊙ 神农氏尝百草/24

⊙ 帝尧的传说/48

⊙ 羿射九日/52

⊙ 嫦娥奔月/54

⊙ 帝舜的传说/56

⊙ 大禹治水/58

⊙ 九鼎的传说/62

⊙ 禅让和篡权/64

传说时代
夏商西周
的故事

⊙ 炎帝和他的女儿们/26

⊙ 先祖黄帝/28

⊙ 阪泉大战/32

⊙ 黄帝战蚩尤/34

⊙ 蚩尤的传说/38

⊙ 嫘祖养蚕/40

⊙ 仓颉和伶伦/42

◎ 专题：远古三大部落/44

⊙ 颛顼与帝喾/46

⊙ 古代巴国的传说/66

⊙ 古代蜀国的传说/68

◎ 专题：原始绘画/70

夏·74

⊙ 夏的建立/76

⊙ 后羿逐太康/78

⊙ 寒浞杀后羿/80

⊙ 少康中兴/82

⊙ 孔甲养龙/84

⊙ 夏桀亡国/86

⊙ 专题：二里头遗址/88

商·90

⊙ 玄鸟生商/94

⊙ 上甲微为父报仇/96

⊙ 成汤建商/98

⊙ 厨子宰相伊尹/100

西周·122

⊙ 后稷播百谷/126

⊙ 文王遭囚禁/128

⊙ 渭水访贤/132

⊙ 牧野之战/134

⊙ 周天子分封诸侯/138

⊙ 周公制礼乐/140

⊙ 伊尹放逐太甲/102

⊙ 专题：神秘的三星堆/104

⊙ 盘庚迁都于殷/106

⊙ 武丁中兴/108

⊙ 能征善战的妇好/112

⊙ 专题：甲骨文的秘密/116

⊙ 纣王亡国/118

⊙ 专题：繁荣的青铜文化/120

⊙ 姜太公治齐/142

⊙ 国人暴动/146

⊙ 共和行政/148

⊙ 宣王中兴/150

⊙ 烽火戏诸侯/152

⊙ 专题：西周的青铜器/156

⊙ 帝王世系表/158

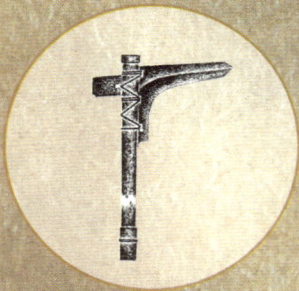

約距今300万年～公元前21世纪

世界上许多国家的人民对天、地的出现及人类的产生，都有各种不同的说法。在中国，有关盘古开天辟地和女娲造人一类的传说流传久远。但是随着科学的发展，特别是近代考古学、古人类学和地质学的发展，人们逐渐揭开了地球形成的奥秘，也证实了人是生物进化的产物。目前，考古学家和古人类学家在非洲发现的人类化石，距今已有300余万年，因而非洲被认为是人类的起源地。在中国重庆市巫山县发现的"巫山人"化石，距今也有200万年。此外，还发现了许多古人类化石，如年代稍晚的"元谋人"、"蓝田人"、"北京人"和"山顶洞人"等等，数量很多、分布地域也很广。因此，中国的考古学家提出：东亚地区也是人类起源地。

人类的出现是生物进化的结果，他是古猿进化而来的。最近几十年的考古发现和古人类学研究的成果证明，古猿与早期人类的关系十分密切，"从猿到人"的学说也获得越来越多的证据。

人类的出现与劳动有关。人类最初制作和使用的工具是打制石器。考古学家为与后来出现的磨制石器相区别，将制作和使用打制石器时代称为旧石器时代，后者（即制作和使用磨制石器的时代）称为新石器时代。为了研究它们在历史进程中的发展与进步，考古学家还将它们分为早、中、晚三期。旧石器时代所分的早、中、晚三期，与古人类学家依据古人类

的体质特征所分的直立人（猿人）、早期智人（古人）、晚期智人（新人）这三个阶段大体是一致的。在旧石器时代早期，打制石器以粗厚笨重、器类简单、一器多用为其特点；到了旧石器时代晚期，石器趋于小型化和多样化，器类增多，还发明了弓箭、投矛器等复合工具和钻孔技术，出现了少量磨制石器。在旧石器时代，人们以采集果实和渔猎为生。他们不会建造房舍，多在山洞中栖身，过着群居的生活。在旧石器时代早期，人们已学会用火。先是采野火，后发明了人工取火的方法，如打击火石取火、钻木取火等等。火的使用对人类的进化有很大的意义，它可用于照明、驱逐野兽、驱赶寒冷，还改变了人们生食的习惯。由于熟食能缩短消化过程，使更多的养料被人体吸收，并使血液中的化学成分有所改变，促使人的体力增加、脑髓发达。如30万年前的"北京人"的平均脑容量为1059毫升，1万年前的"山顶洞人"的脑容量为1200毫升~1500毫升，已达到现代人的脑容量变化范围，身高也与现代华北人的身高接近。迄今在中国发现的旧石器时代遗址，遍布全国二十几个省、市、自治区，说明古今人类在这块大地上的活动范围，已相当宽广。

距今1万年前，人类进入新石器时代。进入新石器时代以后，地球逐渐变暖，人类渐渐走出山区，移向平原地区活动。为了适应新的环境，人们选择了邻近水源的地点聚族而居，建造房屋，发明了陶器，出现了原始农业，开始了定居生活。磨制和钻孔技术的普及，使各种石质工具的制作趋于规范、定型，更适合各种不同的用途。考古学家经过长期探索、研究，发现中国在新石器时代的遗址分布，与当代中国的人口布局十分相似，相对集中于河网密布的东半部。人们的食物结构也是南方种植水稻、北方种植粟稷。在距今9000年前，就已经出现栽培水稻，说明水稻的发源地在中国而不是印度。8000年前的先民已经雕琢出玉器，发明了纺织技术，在音乐方面出现了七声音阶，可以吹奏旋律，还出现了刻划符号。7000年前的遗址中出土的独木舟和木桨，说明已经

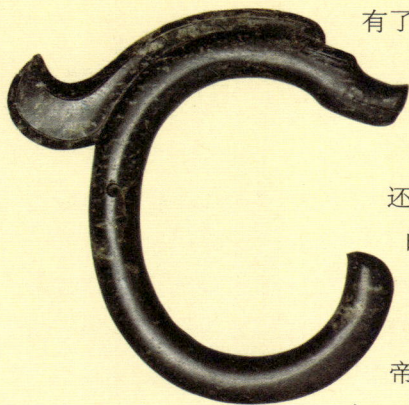

有了水上交通工具，牛已被驯养。6000年前仰韶文化的居民创造了绚丽多彩的彩陶文化，还出现了用夯筑技术建造的小城堡。5000年前已养殖桑蚕，并用蚕丝织出了丝织品，还掌握了人工冶铜的技术，铸造出青铜刀一类的小工具。4000年前出现了文字，在长江流域和黄河流域各有一批古代城市在地平面上崛起。古文献中记载的神农氏种植五谷，黄帝的妻子嫘祖发明养蚕技术，他的大臣发明文字、舟车以及黄帝战蚩尤等，因这些发现而说明这些传说并非虚妄，它们包含了不少历史的影子。

古代居民聚族而居，所以在今天发掘的遗址中可以看到居住时形成的聚落，在墓地中看到排列有序的墓群。人们在漫长的岁月中繁衍生息，人口不断增长。当增至一定数量时，就像细胞分裂那样又分离出新的氏族。它们之间以血缘为纽带，形成规模较大的部落。在原始社会后期，中华大地上有许多氏族、部落和部族。古史学家将它们分为华夏集团、东夷集团和苗蛮集团。其中华夏集团以黄帝族和炎帝族为主体。他们最初居住在今天的陕西，后来分别向东发展，不断扩大自己的势力。他们与西进的东夷集团、北上的苗蛮集团发生过多次战争。传说在涿鹿之战中，黄帝和炎帝打败了以蚩尤为首领的东夷集团，使华夏集团的势力扩大到今天的山东境内。为了争夺联盟的首领，黄帝和炎帝在阪泉大战，炎帝战败。地处北域的黄帝乘势南下，使炎黄二族的势力达到长江和汉水流域，华夏集团的势力得到空前的扩展。以后的虞、夏、商、周都是黄帝的后裔，在几千年的历史进程中，确立了华夏的特定地位，黄帝也成了华夏的共同祖先。

在远古时代，由于生产力低下，人们只有靠集体的力量才能生存。人们各尽所能、共同劳动、平均分配食物。为了生存与发展，他们必须选举公正、贤能的人当首领，以带领大家进行生产、抵御外来的侵扰。因此，古史传说中出现了尧举荐舜、舜举荐禹、禹先举荐皋陶、皋陶死后又举荐益当部落首领的故事，历史上称这种做法为"禅让"。这是一个人人平等、财富公有、道德纯朴的时代，也是一个社会处于原始状态，充斥着愚昧和野蛮的时代。

古代居民为了求得生存与发展，在恶劣的环境中与各种自然灾害顽强地进行斗争。其中大禹治水的故事流传久远：面对滔滔洪水，野兽肆虐，尧为了把民众从水患中解救出来，命鲧去治水。鲧用堵塞的办法治理，虽经九年努力，仍以失败告终。于是，舜命禹治水，禹总结了鲧治水的经验教训，改用疏导的办法。他一心一意地率领民众兴修水利、治理洪水，"三过家门而不入"，经过八年（一说十三年）时间，终于征服了水患。这个传说反映了古代先民在自然灾害面前不屈不挠、积极抗争的无畏精神。

随着生产力提高，一个人的劳动所生产的价值超过他本人的消费而有了剩余时，俘获的战俘不再被杀死了。他们沦为奴隶而被强制进行生产劳动，他们创造的财富被主人全部占有。这样，私有制出现了。考古学家在龙山文化中发现有的墓葬有棺有椁，有许多陶器、玉石器、象牙器和象征财富的猪下颚骨等随葬物品；有的墓葬只有一个不大的墓穴和几件陶器；还有一些死者身首异处，既无墓穴、也无随葬物品，甚至被丢弃在废弃的窖穴或沟壑之中。这说明，这些死者的身份、地位和占有财富的情况是不一样的。一些首领利用他们的特权首先富裕起来。贫富分化的不断发展，氏族与部落内的掌权者首先成了剥削阶级。原始社会内部产生了不同的阶级，表明原始社会到了末期。在这种情况下，族与族之间以掠夺奴隶和财富为目的的战争频繁出现了；为防御敌对一方的

掠夺和侵扰，他们各自筑起了一座座高耸的城池；为适应战事的需要，兵器的生产受到普遍重视；为维护特权者的利益，他们摒弃过去的习惯法，制定了新的制度法规；"禅让"制度也不可能继续实行，必然为新的制度所代替。因此，到夏禹死后，禹之子启杀益而夺取首领的位置，开创了父传子、家天下的时代。从此，中国历史上出现了第一个世袭制王朝——夏朝，这标志着华夏族正式跨进了文明社会。

开天辟地的神话

❖ 时间：传说时代

按照现代人的逻辑思维，神话传说的源头当然是天地的开辟，然后产生万物，然后人类诞生，但以先民们贫乏的自然知识和更多感性而非理性的思维来考量，他们很难认识到世界本源的问题。中国上古的创世神话，实际上就比造人神话起源要晚。

诗人屈原在他的伟大诗篇《天问》中写道："邃古之初，谁传道之？上下未形，何由考之？"又写道："圜则九重，孰营度之？惟兹何功，孰初作之？"意思是问，上古天地开辟究竟是谁的功劳，谁又能将真相传告给后世呢？这说明迟至战国时代，黄河、长江流域可能还没有产生可为人们广泛接受的创世神话。现在我们习惯说的"盘古开天辟地"，最早完整的记载竟然是在三国时代的《三五历记》中。

🍃 众说纷纭的创世神话

从三国往前推，许多古人都想运用神话传说的方式来解释天地开辟，但大多不成体系，没有多大影响力。所谓"混沌初开"，《庄子》里说混沌是中央的天帝，没有眼耳口鼻，他的两个朋友"儵"和"忽"帮他凿通七窍，混沌却就此呜呼哀哉了。儵、忽是指时间，也就是说时间改变了世界。

●《三五历记》书影
《三五历记》中有关盘古创世的记载。

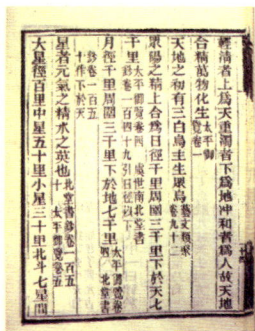

《山海经》中提到钟山有个烛龙神，人面蛇身，通体红色，长有一千里，它只要睁开眼睛，天地就变成白昼，闭上眼睛，天地就变成黑夜，这似乎含有先民的神话的影子。汉代《淮南子》中说，宇宙初始混沌一片，后来生

出了阴、阳二神，创造出天地万物，这种说法宗教气味相当浓厚，无法为广大人民所接受。

古人期盼得知天地开辟的真相，但他们往往无法接受过于哲学化或宗教化的解释，他们希望创造出更为形象化的神话传说来。就在这种要求下，神话中的大神盘古终于获得了创世神的资格。

神犬盘瓠

西南很多少数民族的祖先原本居住在长江流域，后来逐渐南迁。苗族的史诗《盘王书》中说盘王（即盘古）是各种文物器具的制作者，他还掌管着人们的生死寿夭，因此必须虔诚祭祀。盘古传说的本源由来已久，汉晋之际很多古籍，以及西南很多少数民族的传说中都有所涉及。其实苗族神话中的盘古的原型不是人，而是一条神犬。

这条神犬名为盘瓠（hù）。据说在高辛王的时代，王后突然得了耳痛病，医治了三年，终于从耳中挑出一条金蚕。王后觉得奇怪，就用葫芦瓢盛着金蚕，并且用盘子盖上，喂养起来。谁想那金蚕竟然很快长成了一条五彩斑斓、长有二丈的大狗，高辛王非常喜爱，就给它起名叫做"盘瓠"（瓠就是葫芦）。

●盘古图

南宋无名氏的《盘古图》，描绘了开天辟地的华夏始祖盘古的形象。其构想之奇特、画风之古朴、气势之宏大，在中国众多人物画中也是极为罕见的。

时逢房王作乱，高辛王就和群臣商量，许诺谁能斩下房王的头，就把公主许配给他。盘瓠听到这话，竟然潜出宫廷，跑去房王军中，趁着房王不备，将其咬死，把首级带了回来。高辛王大喜过望，就准备了很多肉食奖励盘瓠，但盘瓠一连三天都不吃不喝。高辛王问它说："你莫非想要我兑现承诺吗？不是我食言，实在是人狗不能相配呀。"

听到这话，盘瓠突然口出人言，说："您不用担心，只要把我放在金钟里面，七天七夜，我就能变成人。"高辛王照盘瓠所说的做了，

11

●藏族人类起源图

藏族神话传说中，神猴是人类的祖先。本图表现了经菩萨点化后，神猴逐渐变成人的传说故事。

但公主怕它饿死，到第六天就掀开了金钟，只见盘瓠身体已经变成了人，只有脑袋还是狗头。

高辛王遵照前约，让盘瓠和公主结婚。婚后，二人前往人迹罕至的深山，打猎耕种，先后生下三男一女，前去找祖父高辛王请求赐姓。于是高辛王就赐用盘子盛着的长孙姓盘，用篮子盛着的次孙姓蓝，三孙一时想不到合适的姓，正好天上雷声隆隆，就赐姓为雷。后来小女儿长大，嫁给一个姓钟的士兵，从此盘、蓝、雷、钟四姓世代通婚，繁衍成一个庞大的民族。

盘古开天辟地

在中原大地，古代也流传着盘古开天辟地的故事。这个故事最早的文字记载，是在三国时代徐整所作的《三五历记》中。

据说，混沌未分的时候，宇宙好像一个硕大无比的鸡蛋，没有声音，没有光亮，漆黑一片，有个名叫盘古的巨人就在里面孕育和成长。经过了一万八千年，盘古再也无法忍受这种暗无天日的生活，于是大吼一声，抄起一把巨大而锋利的斧头，狠狠地向四周劈去。只听山崩地裂的一声巨响，大鸡蛋裂开了，里面所有的东西都冲了出来，其中有些轻而清的就往上浮，变成了天，重而浊的往下沉，就变成了地。

周围一下子开阔起来，盘古高兴极了，但他担心天地会重新合并在一起，于是就用手托着天，用脚踏着地，从此跟随着天地的生长而生长——天每天长高一丈，地每天加厚一丈，盘古的身体每天也增高。就这样又过了一万八千年，天变得极高，地变得极厚，而盘古终于成为顶天立地的巨人，高达九万里，像一根柱子似的屹立在天地之间，使天地再也无法重新合拢。

后来某一天，盘古感觉实在是太累了，太疲劳了，再也支撑不住而倒下死去。临死时，他的身体突然产生了变化：呼出的气变成了风和云；声音变成了轰鸣的雷霆；左眼变成了太阳，照耀大地；右眼变成了月亮，点亮黑夜；肌肉变成了沃土，滋生万物；血液变成了江河湖海，奔腾不息；筋脉变成了道路，指引方向；头发和胡须变成了星辰，点缀天空；皮肤和汗毛变成了花草树木，繁茂生长；就连流出的汗水也变成了雨露和甘霖；牙齿、骨头变成了闪光的金属、坚硬的石头和晶亮的珍珠玉石。

就这样，盘古在开天辟地以后，又用他整个身体孕育了世间万物，从此受到人们世世代代的崇敬。

夸父逐日

盘古将自己的身体化作了天地中的万物，在《山海经·大荒北经》中记载的另一个神话传说"夸父逐日"，也有类似的描写。

相传，远古时候，在北方大荒山中一座叫做"成都载天"的山上，居住着一位巨人，名字叫作夸父。夸父相貌古怪，手里握着两条黄蛇，耳朵上还挂着两条黄蛇，他力大无比，并且善于奔跑。有一次，夸父突发奇想：太阳落下去，黑夜就要降临，我不喜欢黑夜，而喜欢光明，如果我跑过去把太阳捉住的话，那漆黑可怕的黑夜就再也不会来临了。于是，他马上迈开大步，朝着太阳西斜的方向追去。

一眨眼的工夫，夸父就跑出了几千里远，追到一个叫做禺谷的地方，抬头一看，太阳就在眼前。他高兴极了，但也感到浑身燥热、汗流不止，非常口渴，于是就跑到黄河、渭河边喝水。夸父的身体太大了，三口两口就把两条大河的水都喝干了，却仍感觉口渴难耐，便掉头向北方跑去，想前往大泽"瀚海"，希望那里的水足够喝。可惜还没到达目的地，夸父就在半路上渴死了，临死的时候，他手里的拐杖掉落在地上，化为一片桃林，他的身躯也化作了一座大山。

在世界很多民族的神话传说中，巨人和创世全都密不可分，并且巨人的身体都能化为世间万物，大概先民认为只有人类才有智慧改变世界，而只有伟大的人类才有力量创造世界吧。

女娲造人

❖ 时间：传说时代

女娲造人的传说，起源相当早。屈原在《天问》中问道："女娲有体，孰制匠之？"意思是说：都说人类是女娲所造，那么女娲又是谁造的呢？

兄妹相配的故事

西南少数民族古老的神话中说：某年天降大雨，有位英雄趁机捉住了雷公，想要用香料腌制了作为食物。他把雷公关在铁笼子里，嘱咐一对小儿女说："千万不要给他水喝。"说完就出门去了。

雷公在笼子里痛苦地呻吟，引发了那对小兄妹的恻隐之心，他们弄了几滴水给他。雷公一得到水，立刻爆发出无穷的威力来，挣开铁笼，冲上天穹。临走前他从嘴里拔出一颗牙齿，交给两个孩子，说："赶紧拿去种在土里，如果遇到灾难，就藏身在它所结的果实中。"孩子们照做了，那颗牙齿果真发芽生长，结了一个大葫芦。

雷公为了复仇，降下暴雨来，地上洪水泛滥，所有人全都被怒涛卷走，小兄妹躲在葫芦里，才幸免于难。

大地上空空荡荡，只剩下了那对小兄妹，于是他们商议婚配以延续后代。两人绕着一棵大树奔跑，妹妹追逐哥哥，完成了结婚仪式。

● **人类进化过程示意图**

无论是中国的女娲造人，还是西方流传的上帝造人等说法，归根结底都是出自先民们丰富的想象力。关于人类的起源，大家普遍认同的说法便是由古猿进化而来。这幅示意图展现出了古猿到人逐步进化的过程。

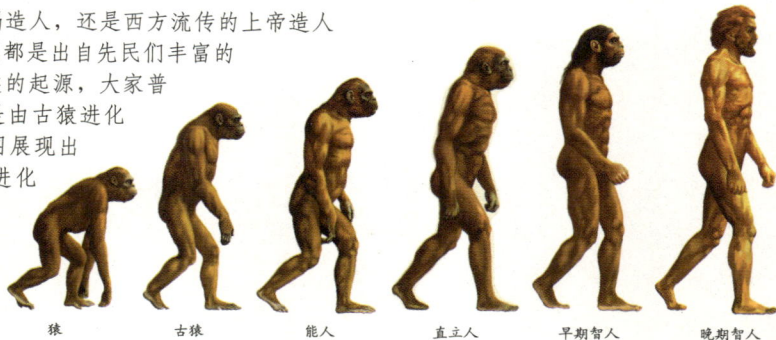

| 猿 | 古猿 | 能人 | 直立人 | 早期智人 | 晚期智人 |

但是婚后头一胎，竟然生下了一个肉球，妹妹就把肉球剁碎，捧着想爬上天去奉献给天神。爬到一半，肉块脱手落下，撒得满地都是，接着变成许多小人——这就是那对兄妹的子女，也就是人类的祖先。

在某些说法中，这对兄妹就是伏羲和女娲。据闻一多先生考证，伏羲就是盘古，名字的本意是葫芦，而女娲就是女葫芦，这倒和上述神话关联紧密。

女娲造人

盘古开天辟地后，世界上还没有人类。有一个大神女娲在空旷的大地上四处游荡，一日她来到黄河岸边，看到河水映照出自己美丽的容貌，不禁心中一动，想到一个好办法。女娲利用河床上的泥土掺和黄河之水，按照自己的形貌来捏造泥人，这个泥人简直和她一模一样。她对着这个泥人吹了一口气，泥人就变成了能直立行走、可以说话的小东西，女娲称之为"人"。

女娲想让"人"这种生物遍布世界各个角落，所以不停地捏呀捏，可是这样劳作，速度实在太慢了。她又想到了一个简便的方法，就找来一些草，编成一根绳子，沾满河底的泥

●彩陶鼓

浆。女娲把绳子四处甩动，溅落的泥点变成了一个个小人。就这样，人类被大神女娲独立创造出来了。

创制婚姻

大地上有了人类的影子，女娲终日在他们的陪伴下，觉得既开心又舒适。但是很快，女娲又有了新的心事，因为万物有生有灭，人类不能永恒不死，如果她创造出来的这些人死了该怎么办呢？总不能再不停地造，造上一批又一批吧？

女娲经过反复思考，决定把人类分为男女两性，让他们配合起来，自己去创造后代，养育子女。人类从此开始在大地上繁衍生息。女娲创立了婚姻制度，所以后世把她奉为"高禖"，即神媒，也就是婚姻之神。

女娲作为最早的"媒婆"，尽职尽责，据说为了方便男女之间交流感情，她还发明了笙簧乐器，能把风啸鸟语、虫鸣溪唱，丝丝入扣地吹奏出来，为人间增添了无限的祥和气氛。特别是男女之间，许许多多幸福快乐的恋情，都被优美的音乐旋律激荡起来。笙簧也因此成为中国最早的乐器之一。

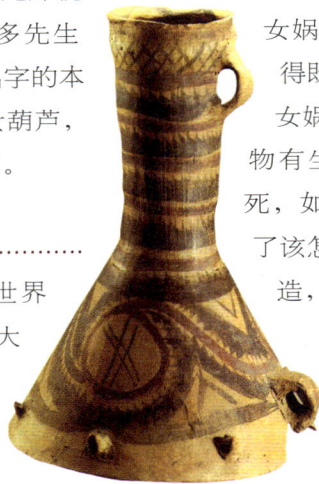

女娲补天

❀ 时间：传说时代

人类诞生以后，不管是父母生养的还是被创造出来的，从此都开始了和自然界的斗争，并且取得一个又一个辉煌的胜利。这种斗争在神话传说中的反映，分为三个阶段，第一阶段是借用神的力量，比如女娲补天的故事，第二阶段是依靠人类中的英雄，第三阶段才是运用自己的、群体的智慧和力量。

● 乌龟与仙山

相传女娲补天后，又斩下了一只乌龟的四条腿来作为擎天的柱子。它本是驮着漂在海上的蓬莱、方壶、瀛洲等5座仙山的巨龟中的一只，这只乌龟被女娲捉走后，背上的仙山也漂流得不知去向了。

中国的神话传说来源驳杂，因此很零碎，难成体系。人类是女娲创造出来的，那么女娲从何而来？如果说她和伏羲是兄妹，他们还有父母亲，那么他们的父母亲又从何而来？更重要的是，和女娲类似的大神们一个又一个从虚空中诞生，没有人去考究过他们的来源。事实上，这些神灵最早都代表着自然界，比如火神祝融和水神共工，他们之间的战争和所造成的灾难，正是先民对自然灾害认识的曲折反映。

🐾 共工怒触不周山

共工和祝融都是古代神话传说中的神灵，同时也很可能是古代部族或者部族首领之名，如果这些部族确实存在，大概是崇拜水神和火神的部族。

传说水神共工又叫康回，长着人的脸、蛇的身体，头发赤红。他与火神祝融间爆发了一场极为惨烈的战争。他们从天上一直打到地上，最终共工无法抵御祝融巨大的神力，逃往西方，一头向不周山撞去。这不周山本是一根撑天的柱子，一撞之下断成两截，天立刻向西北方向倾斜下来，原本连着不周山的地方出现了一个大窟窿，无数星辰从窟窿里掉了出来，大地也受到震荡，立刻洪水滔天。新生的人类无力抵抗这种灾难，他们在天灾和由天灾引发的毒蛇猛兽到处游窜的世界中，眼看就要绝种。

女娲补天

女娲看到这一切万分痛心，她从江河里挑选了许多五彩斑斓的石子，架起一把火，把它们熔化成胶状的液体，然后用这种液体去填补天上的窟窿。窟窿填好以后，她考虑到失去天柱的天空可能还会再次倾斜，甚至坍塌，就又杀了一只巨大的乌龟，砍下它的四只脚来做成新的擎天柱子，立在大地四方，把天空像帐篷一样撑起来。

紧接着，女娲又把目光投向大地。她首先除掉了在冀州作乱的黑龙，断绝了洪水的源头，也震慑了其他野兽对人类的暴行，使它们重新躲进山林，不敢再残害人类了。然后她用大量的芦草灰把淤积在大地上的洪水全都吸尽——在传说中，现今千里沃土的华北平原正是由这些芦草灰堆积而成的。经过女娲的努力，人类终于摆脱了灾难，大地上再次出现了祥和欢乐的气氛。

不过这场巨大的灾祸还是留下了痕迹：从此天总是有些向西北方向倾斜，太阳、月亮和众星辰都很自然地归向西方，而大地上因此有了春夏秋冬和昼夜的区分；相对的，大地向东南方向倾斜，一切江河都往那里汇流，而几条大河两岸的土地得到灌溉，草木葱茏，成为人类文明的发源地——这就是"天塌西北，地陷东南"这句老话的来源。

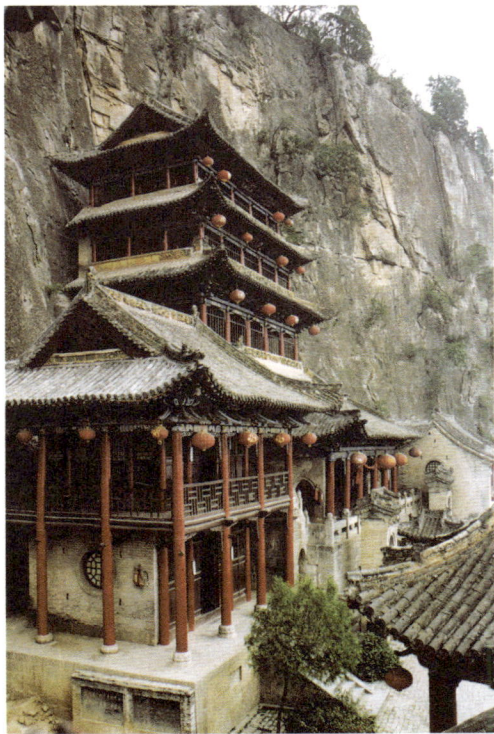

● 娲皇阁

河北涉县的娲皇宫，是中国最早、最大的奉祀女娲的古代建筑。它始建于北齐文宣帝天保年间（550~560）。娲皇阁坐北朝南，悬空而立，背靠山崖处有8根铁索，将楼阁系缚在绝壁悬崖之上，故有"活楼"、"吊庙"之美称，堪称中国建筑之一绝。

大神伏羲

❀ 时间：传说时代

造人、补天以后，女娲从此就在神话中逐渐淡出，后世《封神演义》之类书中虽然提到女娲娘娘，但那已经是神话小说而非神话本身了。相反地，女娲的兄长或者丈夫伏羲的身影，却在魏晋以前的很多神话记载中都能找到，相当地活跃。

中国古代神话传说中有很多神灵，其中最著名也最神通广大、无所不能的有两位，就是伏羲和黄帝。他们的发明创造最多，涉及的领域最广，对人类的贡献也最大，无数先民把他们尊为自己的先祖。那么，如果造人是女娲独立完成的，伏羲又有什么单独的传说故事呢？

🍃 感应而生

《列子》里说，在中国的西北方有一个神仙国度，名叫"华胥氏之国"。这个国家非常遥远，一辈子都无法到达。华胥氏之国的国民都没有欲望和嗜好，一切听任自然，不知生的乐趣，不知死的可怕，因此寿命很长，生活美满而安宁。他们甚至能够走进水里而不会被淹死，踏过大火而不会被烧伤，还能在天空中自如地来去，云雾无法遮挡他们的视线，雷霆也扰乱不了他们的听觉。他们实在是太幸福了。

这则神话有很浓的哲学意味，"华胥氏之国"据说就是伏羲的出生地。伏羲的母亲没有名字，习惯称她为"华胥氏之女"，据说她某次到东方一个名为"雷泽"的地方去游玩，看到地上有一个巨大的脚印，觉得非常新奇有趣，就用脚去

● 伏羲像

图中手捧八卦盘的人为伏羲，是中国古代神话中人类的始祖，传说他还是八卦的创始人。

● 卜千秋墓室壁画（局部）·伏羲像

洛阳出土的西汉卜千秋墓壁画可算是中国最早的墓室壁画。

踩了踩。这一踩不要紧，她立刻感觉身体发生了变化，回来后不久就怀孕了，生下个儿子就是伏羲。

先民习惯说他们的英雄不是正常父母生养的，是因为获得了某种超自然的力量感应而生的，所以与众不同。几乎每位蛮荒时代的英雄都被赋予了类似感应生人的传说。伏羲也不例外，他是其母感巨大的脚印而生的。那么，这个巨大的脚印是谁留下的呢？雷泽的主神，据说是雷神，那么这个脚印的主人也很有可能是雷神，一个人头龙身的天神。

在伏羲、女娲兄妹相配的故事中，也有雷神出场，可以说这两个神话有着共同的源头。而且伏羲、女娲都是人头蛇身，也有些传说中说是人头龙身，那么人头蛇身或龙身的伏羲，也很明确地是雷神的儿子。

🌀 结网捕鱼

很多古人都想把纷繁复杂的上古神话梳理得系统有序，成为一个完整的体系，但他们不了解这些神话的来源各异，互相间又有影响和渗透，早就不是最初的样子了，因此这一工程始终未能完成。不过，因此也产生出不少副作用，那就是很多神话更为复杂而含混地被糅合在了一起。

因此有一种说法，说伏羲就是太皞氏，是东方的天帝，辅佐他的是木神句芒，句芒手持一个圆规，与伏羲共同管理春天。还有一种传

●伏羲、女娲图

伏羲、女娲为中国神话中人类的始祖。图中伏羲、女娲分别呈男女形象侧身相对。伏羲持矩，女娲执规，另一手各抱对方腰部，下半身做蛇形交绕。周围日月星宿的布置，既有空间的高远空旷之感，又显示了伏羲、女娲作为人类始祖的崇高意味。

说，说伏羲有个美丽的女儿，名叫宓妃，渡洛水时不幸溺死，成了洛水的女神。大诗人曹植所作的《洛神赋》，所描写的就是宓妃。

伏羲本人的贡献，很重要的一条是教会人民结网捕鱼与狩猎。如果他确实是东方的太皞氏，居住在东方沿海地区，那么他的子民们都应该是靠渔猎为生的。人们最早的捕鱼方法是用手抓，或者用鱼叉去叉，费时又费力。伏羲就想发明一种工具，使捕鱼更为方便快捷。

传说有一天，伏羲突然注意到了蜘蛛结网捕虫，于是灵机一动，如果用类似的方法，是不是也可以方便地捕捉到在水里游的鱼呢？于是他尝试把绳子交叉连接起来，编成鱼网，作为捕鱼的工具，并教会了人们捕鱼的技巧，大大提高了捕鱼的效率。据说他的臣子芒氏（可能就是句芒）又仿照鱼网编成了鸟网，教人民捕鸟。这两项发明都是划时代的，对人民生产水平的提高起到了很大的促进作用。

创制八卦

很多民族在有文字之前，都是靠结绳或结珠、刻符、图形等记事。结绳是用不同的绳结来代表不同的含义，把重大事情记录下来流传给后人。伏羲和芒氏已经能够想到用绳子结成网来捕鱼或者捕鸟，或许那个时候结绳记事的习惯就已经存在了。

因为据说是伏羲发明了八卦，而八卦的形状很像是一条条有结的绳子和无结的绳子交错排列，八卦据说也恰恰可以代表世间万事万物，有记录事情的功用。八卦中，乾（☰），代表天；坤（☷），代表地；

坎（☵），代表水；离（☲），代表火；巽（☴），代表风；震（☳），代表雷；艮（☶），代表山；兑（☱），代表泽（水积聚的地方，也就是江、湖）。

八卦虽然很可能来源于结绳记事，但它本身并不是真正的一个又一个的绳结，而是用工具刻画在平整的物体表面的符号，所以很可能是文字的雏形。八卦之间的互相排列、推演，包含有简单的二进制算法，所以伏羲很可能对数学也做出过很大的贡献。

其他伟大贡献

和前面兄妹通婚生下肉球的神话传说相联系，或许伏羲受到类似教训，据说他规定了新的婚姻制度，不允许兄妹通婚，同族男女也不许婚配，只能找外族男女婚配，而且不允许随意野合，制定了严格的婚娶之礼。从此，男婚女嫁的习俗便世代流传下来，人类也由古老的族外婚过渡到对偶婚，这样人类的后代发育更好，身体更强壮，智力更发达。无疑，伏羲对于人类的繁衍生息，也做出了巨大的贡献。

据说伏羲还发明和推广了养殖业。先民起初是靠渔猎、采集为生，完全靠天吃饭，一旦猎物和采集物因季节、天气等因素变少，大家就都要饿肚子。于是伏羲就想，如果能把暂时吃不完的活的野兽留下来，养到需要食物的时候再吃，就可以在很大程度上解决饥荒问题了。他经过反复研究，教人们用树枝、杂草、木头等材料围成栅栏，然后把捕到的活的野兽放在里面饲养，用采集到的植物、野果等喂养它们。时间一长，这些野兽就不会再逃跑，性情也变得温顺了许多，不会再袭击人，还可以不断地繁殖下去——这就是最早的养殖业。

此外，据说伏羲还制定历法、按节气种植谷物，和妹妹女娲共同发明了琴、瑟等乐器，创作歌曲。然而最大的贡献，在于他采集天然的火种，教大家烧烤食物，这样人们就不用再吃生冷食物，减少疾病的发生。伏羲的名字也写作"庖羲"或者"炮牺"，既有可能是古代同音异写，也可以就字面解释为"烧动物肉"。

●木雕三皇像

明代木雕上古三皇像。从右至左依次为燧人氏、伏羲氏、神农氏。

05 燧人氏钻木取火

❖ 时间：传说时代

兼跨各个门类，发明出无数对人类有益的东西和技术的上古英雄，可能并不存在，神话传说总是喜欢逐渐把很多人的功绩，都记在一个最伟大的人或神的名下。比如发明取火技术和烧烤食物，就既有伏羲说，也有黄帝说，但燧人氏钻木取火的故事，可能是最早的版本。

《韩非子·五蠹》记载说："上古之世……民食果蓏（luǒ，古代指瓜类植物的果实）蚌蛤，腥臊恶臭，而伤害腹胃，民多疾病。有圣人作，钻燧取火以化腥臊，而民悦之，使王天下，号曰燧人氏。"这段话说得很简单，但其中隐藏着一则非常有趣的神话传说。

茹毛饮血的上古时代

远古时代，生产力水平低下，人类对大自然的认识水平也很低下。最早的古人类不知道怎么利用火，他们采集到的植物、果实都是生吃的，甚至连林中捕猎到的野兽、河里抓来的鱼虾，也都是生吞活剥，这种生活方式被称为"茹毛饮血"。生的食物伤害肠胃，人们非常容易生病，寿命也都不长。

火本来是一种自然现象，但原始人最早还保留着怕火的动物性，遇到打雷闪电、火山爆发，往往吓得不知所措，更不用说利用火了。后来经过长时间的和大自然接触，当他们外出打猎，经过刚刚发生过大火的树林时，偶然发现里面有许多被烧死的野兽，香味扑鼻，于

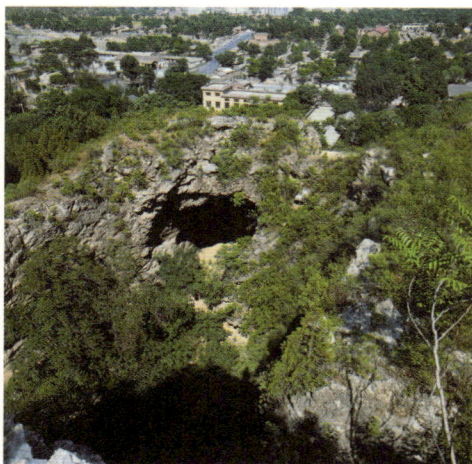

● 北京周口店猿人遗址
北京周口店猿人洞中断断续续有猿人居住达几十万年，堆积物达2.6万立方米。

是就尝试着吃这些熟肉，发现比生吃要美味得多。从此人们从怕火，变得逐渐喜爱火、崇敬火。

在使用天然火的过程中，人们逐渐学会了把火种保存下来，使它长年不灭，这样就能够经常吃上烤熟的食物了。但是火种保存不善总会熄灭，而天火又不是经常可以遇上的，在这种情况下，人们开始考虑，是否能够自己来制造火或者取得火呢？燧人氏钻木取火的传说，就由此而来。

钻木取火

传说上古时候，有一个叫燧明国的国家，这个国家太靠西了，以至于太阳和月亮都照耀不到。有一个聪明人某次来到燧明国，在一片树林中休息，照理说这种地方应该十分昏暗，没想到四周却突然大放光明。这个聪明

●北京猿人用火灰烬图

人觉得非常奇怪，到处寻找，发现亮光原来是从一棵名叫"燧木"的大树上照射下来的。聪明人继续考察树发光的原因，发现树上栖息着一些长脚爪、黑脊背、白肚皮的大鸟。这些大鸟像啄木鸟一样不停地用坚硬的喙去啄打树干，在这一啄一啄之间，会猛然发出耀眼的火光。聪明人就此领悟到了取火的方法。

聪明人高高兴兴地采了很多燧木条回家，教他的族人钻木取火。后来，他想到燧木所在地太过遥远，很难经常取得，不知道用别的树木是否能产生同样的效果呢？经过多次试验，他发现钻别种树木取火虽然比燧木要难，却也不是完全不可能的。就这样，他终于得到了盼望已久的取火的方法，大家为了感激他和纪念他，就尊称他为"燧人氏"，意思是用燧木取火的人。

延伸阅读　周口店北京人

周口店北京人遗址位于北京市房山区周口店龙骨山，距北京城约50千米。1929年，中国古生物学家裴文中在此发现原始人类牙齿、骨骼和一块完整的头盖骨，并找到了"北京人"生活、狩猎及使用火的遗迹，证实50万年以前北京地区已有人类活动。因考古学家首先在北京地区发掘出距今约50万年前的一个完整的猿人头盖骨，而定名为"北京人"。以后陆续在龙骨山上发现一些猿人使用的石器和用火遗迹。这一发现和研究，奠定了这一遗址在全世界古人类学研究中不可替代的地位。周口店遗址是世界上迄今为止人类化石材料最丰富、最生动，植物化石门类最齐全而又研究最深入的古人类遗址。北京人还是最早使用火的古人类，并能捕猎大型动物。北京人的寿命较短，据统计，68.2%死于14岁前，超过50岁的不足4.5%。

神农氏尝百草

❖ 时间：传说时代

农耕技术的出现，使人类可以更稳定地获取食物，因此生活也逐渐安定下来，不再到处追逐野兽，或者放牧牛羊、逐水草而居，这不能不说是一大进步。那么，究竟是谁发明了农耕技术呢？先民不会意识到那是祖先一代一代逐渐摸索出来的，而总会将之归功于某位大神或者人类英雄，在中国的神话传说中，它归功于神农，或者是后稷。

神农氏也有一种说法就是华夏族祖先之一的炎帝，因为炎帝号"烈山氏"，意思就是烧山。联系到最早的农业是刀耕火种的，即用粗劣的工具翻土，通过烧荒来保持土地的肥力，因此才很容易把两者联系为一吧。然而仅从外貌和性格来说，两位大神就有很大的区别。

农业之神

上古神话中的大神，总会带有一点动物色彩，如伏羲和女娲就是人头蛇身，发明农耕技术的神农氏也不例外，传说他长着牛头人身。

据说神农氏时代的先民原先只懂得根据季节在同一类野生植物上采摘果实。一天，有一只漂亮的神鸟飞过神农氏的头顶，神鸟口中衔的五彩九穗的谷子恰好掉落在神农氏身边。神农氏认为这是上天的赏赐，舍不得吃，就把它埋在土里，没想到过了半年，谷子竟然长成了非常茂盛的一大片。神农氏揪下一粒谷穗尝了尝，觉得味道不错，就把族人召来，让他们把这些九穗谷采摘下来，学他所用的方法种植在地里——这就是最早的农业。

为了方便耕作，据说神农氏还发明了斧、锄、耒、耜等农业生产工具。他进而想到，天下那么多植物，除了谷子之外肯定还有其他既好吃又能种植的品种。于是经过反复试验，他从数千种植物中筛选出黍、菽、麦、稷、稻，并称为"五谷"，成为华夏先民们的基本食粮。"神农氏"就是由此而得名的。

神农尝百草

神农氏不但是农业之神，也是医药之神，据说是他最早发明了草药。在寻找可种植植物的过程中，神农氏发现一些动物受伤后会自己找草嚼碎，然后涂在伤口上，过几天伤口就好了，于是意识到草可以作为治病之药。但是药草多和杂草生长在一起，其中甚至还混杂有毒草，究竟什么药草可以吃，什么药草不可以吃，什么药草治什么病，这些全都是未知的。为了辨别药性，神农氏不怕危险，一样样亲自尝试。

据说为了尝药，神农氏最多一次一天之内中毒七十次，但都熬了过来，没有丧命。他还发现一种有苦味的植物具有清热解毒的功效，就教会人们大量种植，这种植物就是"茶"。还有一种更为神奇的传说，不知道神农氏从哪里得到了一条神鞭，名字叫做"赭鞭"，不管是怎样的植物，有毒无毒，性凉性热，只要用赭鞭打过，鞭子上立刻就会呈现出不同的色彩来。有了这条神鞭，神农氏辨别药草的速度大大加快了。

医药之神

虽然有赭鞭在手，然而真实而复杂的药性，还是要靠品尝，靠切身实验才能更清楚，更明白。据说神农氏尝过很多种药草，最终还是吃到了一种开着小黄花的藤状植物。这是一种有剧毒的植物，神农氏尝后，眼睁睁看着自己的肠子断裂成很多段，没来得及吃茶解毒，就永远地闭上了眼睛。这种植物因此就被叫做"断肠草"。

《述异记》中记载，在太原神釜冈中，还存留着神农氏尝药的大鼎。成阳山中，有"神农鞭药处"的古迹，因此这个地方也被叫做"神农原"，或者"草药山"。总之人们都很怀念这位发明了医药，又因为尝药而牺牲的大神或者大英雄，世世代代纪念他，把他尊为医药之神。

● 采药图

图中绘神农氏从山中采药满载而归的情景。神农氏头梳高髻，长脸高鼻，肩披兽皮，腰围叶裳，右手攀紫芝，左手携药锄，背负药篓。头发用墨浓重、用笔厚实，坡道山石简笔淡墨，繁简对比，突出了神农氏的形象。此图发现于山西应县木塔内。

炎帝和他的女儿们

❀ 时间：传说时代

炎帝烈山氏是华夏民族的先祖之一，但他的事迹并不很多，除非真的把他和神农氏归为一人。炎帝的性格非常奇怪，有的传说中说他仁慈和蔼，另外一些传说中又把他和黄帝对比，说他不肯行仁政，以至于最后炎黄之间爆发了激烈的战争。

炎帝的名号肯定与火有关，与光明和炎热也有关联，所以传说中说他是南方的天帝，甚至就是太阳之神，他和他的玄孙祝融一起管理着南方一万二千里的土地。据说他命令太阳发出足够的光和热来，使五谷得以孕育生长，使人们不愁食粮。联系"烈山氏"的名号，即便他不是神农，也一定在农业上作出过巨大的贡献。

炎帝的贡献

炎帝还有一项大贡献，那就是发明了商业。自人类进入农耕社会后，衣食逐渐富足，土地肥沃的地方还出现了剩余。怎样将剩余的物品互相交换，沟通有无呢？炎帝想出了集市交易的方法。他叫人们设立市场，将彼此剩余的东西通过市场来公平交换。不过人总不能一直呆在市场上，而不回去耕作劳动吧，为此炎帝就以自己管辖的太阳为标准，叫人们在太阳当顶的时候前往集市交易，太阳开始西斜就散市。人们实行起来，觉得非常方便，于是逐渐学会了利用太阳来确定和计算时间。

巫山云雨

炎帝有很多子女，其中有三个女儿，都留下了美丽的传说。《列仙传》中说，炎帝有个女儿追随一位仙人炼丹，后来也变成了仙人，和师父一起去了遥远的地方。这位仙人名叫赤松子，据说本是炎帝的臣子，担任过掌管雨水的官职，因为经常服食一种叫作"水玉"的矿物，身体变得很轻，能够随着风雨到处飞行。这则神话出现得太晚，它把大神炎帝完全人化了，否则，神的女儿为什么还要去求仙道呢？

炎帝另一个女儿在文学史上非常著名，那就是瑶姬。据说瑶姬非常漂亮，可惜刚到出嫁的年龄就夭折了，她的灵魂飞到姑瑶山上，变成了一株瑶草。这株瑶草具有非凡的魔力，谁要是吃了它的果实，就可以受到异性的喜爱。

传说炎帝可怜瑶姬的夭折，就派她前往巫山去做了当地的云雨之神，所谓"朝云暮雨"，就是说她早晨化作云雾，缭绕在群山之中，到黄昏又变作潇潇的细雨，仿佛在寄托着哀思。战国末期的楚怀王曾经游览云梦泽，住在一座名叫"高唐"的宫殿中，午睡的时候，梦见这位巫山的云雨之神前来倾诉爱意。楚怀王醒来后，心中又是欢喜，又是惆怅，就为瑶姬建了一座庙宇，名字叫作"朝云"。

再后来，楚怀王的儿子楚襄王也来到高唐，这回是晚上做梦，梦见女神前来。醒来以后，楚襄王命令诗人宋玉作赋描述这两段奇遇，宋玉一挥而就，就是著名的《高唐赋》和《神女赋》。

精卫填海

炎帝女儿的故事中流传最广的是"精卫填海"。《山海经》中说，炎帝的小女儿名叫女娃，某次前往东海游玩，不幸遭遇风浪而淹死。女娃心中愤懑，灵魂不灭，变成了一只花头、白足、红嘴的小鸟，名字叫做"精卫"。

精卫鸟居住在北方的发鸠山上，她愤恨自己年纪轻轻的生命被大海所葬送，就经常衔了西山的小石子、小树枝，丢在东海里，想要把大海填平。一只小鸟，靠那点微薄的力量，靠着小石头、小树枝，想要填平大海，是完全不可能的事情。然而，今天"精卫填海"这个成语，并不代表着自不量力，而代表着永恒的毅力，因此千百年来，人们一直被这个美丽的传说感动着。

晋代大诗人陶渊明作诗："精卫衔微木，将以填沧海。"其中蕴含着对小鸟悲壮的志向的无比钦佩。

● 大窑村四道沟剖面

在内蒙古呼和浩特东郊发现的大窑文化遗址，是到目前为止保存得最完整的旧石器时代文化地层剖面，从上至下可分为三大层，反映了考古学上旧石器时代早、中、晚期文化的叠压关系，有人将它称作"无字天书"。

先祖黄帝

❈ 时间：传说时代

华夏民族的先祖，除了炎帝外，还有黄帝，有传说他们两位本是亲兄弟，一个管理北方，一个管理南方。还有传说黄帝行仁政，而炎帝无道，所以最终爆发了战争。这些传说很大程度上无法被普通人民的感情所接受，因此流传得并不广。

上古神话传说经过后世文人学者的加工，逐渐向完全相反的两个方向演化。一个方向是彻底神化，把原本半人半神的英雄人物都描绘成无所不能的天神；另一个方向是圣王化，淡去神怪色彩，尽量向自以为真实的历史靠拢。如果说在秦汉间将伏羲和太皞合为一体，那么伏羲就被认定是神性的代表，而太皞是人性的代表；如果说在秦汉间将神农和炎帝也合为一体，那么神农就被认定是神性的代表，而炎帝是人性的代表。神性和人性完全统一在同一个名称下的，恐怕就只有黄帝了。

● 黄帝像
华夏部落联盟领袖，和炎帝并称为中华民族的始祖。

昆仑山上的宫殿

按照神话的说法，黄帝也可以写作"皇帝"，是指"皇天上帝"（一说指黄土地的中央），是最尊贵的神灵，是中央的天帝。黄帝在下界的帝都位于昆仑山上，管理帝都的大神名叫"陆吾"，长着人的脸、老虎的身体和爪子，还有九条尾巴。

从昆仑山上的宫殿往东北方向走，就可以到达黄帝在下界最大的御花园，名叫"悬圃"，因为据说这个花园是悬挂在云雾缭绕的半空中的。悬圃的管理员是位名叫"英招"的神灵，他长着人脸、马身，有老虎的斑纹，背上还有一双翅膀。

昆仑山上的宫殿极其雄伟，朝向四方的每一面都有九扇大门，有九眼井，正门开向东方，名为"开明门"，由一只叫做"开明兽"的神兽守护着。宫殿分为五城十二楼，最高的地方生长着一株长四丈，粗五围的稻谷——这说明黄帝本身和农业也有着千丝万缕的联系。宫殿四周都生长着繁茂的玉树，有凤凰和鸾鸟栖息在上面。其他各种神奇之物和居住在宫殿中服侍黄帝的神灵，多得数都数不过来。

昆仑山如同重重宫阙，据说共有九重——这大概就是后来"九重天"说法的来源——总高一万一千里一百一十步二尺六寸。昆仑山下有名叫"弱水"的深渊，还有昼夜燃烧的火山。总之，人类想要靠近这座神山，那是完全不可能的。

会合鬼神的乐曲

居住在如此宏伟而神奇的昆仑宫殿中的黄帝，其外貌也非常奇特，长着四张面孔，可以同时看清四方发生的事情，非常方便他统治天下。黄帝的辅佐官是后土，据说也是统治鬼国的王者。《韩非子》中说，黄帝曾经召集天下的鬼神，汇聚于西泰山。黄帝乘坐着大象拉的华车，有六条蛟龙跟随在左右，驾车的是毕方，在前面引路的是蚩尤，风伯为他扫清道路，雨师为他降下甘霖，使尘土不再飞扬，各种鬼神都拜伏在路边，等待黄帝的诏命。于是无比尊贵的黄帝兴致高昂，亲自作了一支曲子，起名叫做《清角》，以纪念这次盛会。

春秋时候的晋平公非常喜欢音乐，一次他在施夷之台招待来访的卫灵公，听到卫国的乐师师涓奏了一支名叫《清商》的乐曲，觉得不大过瘾，就问自己身边的乐师师旷："这曲子如此高雅动听，难道是天下最好的吗？"师旷回答说："《清商》不如《清徵》。"于是平公就叫他演奏《清徵》。师旷取琴来弹奏，刚弹了一会儿，就有十六只玄鹤从南方飞来，站在城楼上翩翩起舞。平公非常高兴，又问："那么《清徵》就是天下最好的乐曲吗？"师旷回答说："最好的是《清角》。"

平公叫师旷试奏《清角》来听，师旷为难地说："那是黄帝在西泰山会合天下鬼神的曲子，不能随便弹奏，恐怕会招来灾祸。"平公坚持要听，师旷没有办法，只得拿起琴来，才弹了几个音符，凄厉的声

音就撕裂了帷幕，激破了器皿，屋瓦"哗哗"地往下掉落，座中客人纷纷逃散。平公万分恐惧，蜷缩在角落里不停地颤抖。据说此后晋国接连三年大旱，而平公也大病一场，几乎丢了性命。

刑天舞干戚

以上种种传说，都体现出黄帝神性的一方面，从这方面来看，他神通广大，极其威武，看不出仁慈、和蔼的一面。或许因为这个原因，不肯服从黄帝统治的神、人也不在少数，出现过众多抗争者，其中最有名的就是蚩尤、夸父和刑天。

刑天应该是一位大神，或者是一个巨人，他所对抗的天帝，历代多认为就是黄帝。刑天本来没有名字，因为反抗天帝，被天帝在常羊山砍掉了脑袋，所以称为"刑天"。"刑"就是指处刑，"天"指的是首级。虽然没有了头，刑天却并没有死，不但没有死，怒火反而越烧越旺。他没有了眼睛，就把两乳作为眼睛，没有了嘴巴，就把肚脐当做嘴巴，高声喊叫着，手持"干戚"（干就是盾牌，戚就是斧子）挥舞不休。

晋代大诗人陶渊明在读过《山海经》后有感而作诗，在"精卫填沧海"两句下面，还写了"刑天舞干戚，猛志固常在"，以赞扬刑天那种不屈不挠、永远不肯放弃的顽强毅力。刑天因此被人们看做是一个失败的英雄。

● 刑天

刑天的传说神话色彩极浓，反映了中国远古时代氏族部落之间血腥斗争的历史。

延伸阅读 磁山文化

1933年首次发现于河北武安磁山的磁山文化大约出现在公元前5400年～公元前5100年，它与裴李岗文化一样是华北新石器时代早期的重要文化遗存。磁山文化主要分布在冀南、豫北等地。 农业是磁山文化的主要组成部分，在磁山80个窖穴中发现有腐朽的粟的堆积，有的厚达2米以上。当时的农业生产工具有磨制多于打制的石斧、石刀、石镰、石铲和石磨盘等，制作不如裴李岗文化精细，而且器形与裴李岗略有不同。磁山的石磨盘多呈柳叶形，石镰一般是有刃无齿的。 遗址出土的骨镞、鱼镖、网梭以及鹿类、鱼类、龟类、蚌类和鸟类等骨骸，表明渔业经济仍占重要位置。出土的家畜骨骸有猪、狗、牛、鸡。从当前已知的材料看，磁山文化的主人是世界上最早培植粟和饲养鸡的人。 遗址中还出土了榛子、胡桃和小叶朴等炭化果实，说明当时的磁山人还从事一定的采集活动。磁山文化遗址出土的陶器有红、褐、夹褐色三种，根据红色陶样片测定其烧成温度为700℃～900℃。

●黄帝铸鼎塬

黄帝铸鼎塬位于河南灵宝西荆山下。《史记》记载，古时荆山一带灾害频发，黄帝闻讯后从昆仑山赶来，用仙丹为百姓治病，并铸鼎于荆山下。黄帝铸鼎塬高300米，长500米，塬西有黄帝的衣冠冢。相传黄帝就是从这里乘龙飞升的。

鼎湖飞升

在另一体系的黄帝传说中，这位天帝走向了人间，仿佛一位人类的贤君圣王。他仍然威风凛凛，但性格中掺杂了更多宽厚仁慈的因素。黄帝也被称为有熊氏或者轩辕氏，先民的许多发明创造都被认为是他独立完成的。从"轩辕"的名字就可以看出，他发明过车辆，并且据说船只也是他创造出来的。

先民最早是和许多动物一样居住在洞穴中的，很容易受到野兽的侵袭。据说后来出了一位伟人，教大家学习鸟类，用树枝在树上筑巢，可以避免被地上的猛兽骚扰，这位伟人因此被称作"有巢氏"。但是住在树上终究很不方便，于是黄帝后来又发明了房屋，用竹、木甚至石头垒起墙壁，这样野兽就跑不进来了。此外，黄帝还制定了服饰制度，创制了兵器和阵法。

这位人间的君王当然不可能像传说中的天帝那样具备很大神通，所以他就搜集天下的铜，在荆山脚下铸造了一口宝鼎，用来炼制丹药。丹药炼成以后，天上突然降下来一条金龙，垂下它长长的胡须来迎接黄帝飞升。黄帝顺着龙须爬上了龙背，他的臣子们跟随而上的有七十多人。但黄帝的臣子当然不止这七十多人，其他人扯断了龙须也无法爬上。

后世把黄帝升天的地方称为"鼎胡"，就是指宝鼎和龙须，后来逐渐讹传为"鼎湖"。这就是黄帝鼎湖飞升的故事，而那些被扯断的龙须，据说后来变成了一种叶片细长的植物，人们称之为"龙须草"。

阪泉大战

❖ 时间：传说时代

阪泉大战是传说中黄帝和炎帝之间的战争。有一种看法认为，所谓黄帝、炎帝并不是某个神或人的称号，而是代表两个原始部族联盟，那么这场战争就可以看做是最早的争夺中原霸权的战争。战争以炎帝败北而告终结，从而实现了中国历史上华夏民族第一次大规模的融合。

传说黄帝和炎帝两大以农业为主的部族联盟的发祥地，都在渭水流域，炎帝在北，黄帝在南，其后又都向东迁徙，在中原地区比邻而居，由此为争夺领土而发生了阪泉之战。两个部族或部族联盟之间为争夺领土而爆发战争，在古代是常见的事情。

● 炎帝陵内的石雕白鹿和神鹰像

此处炎帝陵位于湖南省株洲市炎陵县城西的鹿原镇境内，陵内古树参天，景色秀丽。

🐾 驱使猛兽作战

在阪泉大战的神话传说中，黄帝是仁慈的，而炎帝老年以后逐渐失德，所以黄帝发正义之师讨伐炎帝，双方在阪泉展开大战。然而说华夏民族两大祖先之一的炎帝无德，那是为人民感情所不能接受的，因此后来又产生了一种调解矛盾的说法，说炎帝有个后裔名叫蚩尤，此人凶狠残暴，他赶走了老祖父炎帝，并夺了炎帝之位。炎帝被迫向黄帝求救，所以黄帝在阪泉所打败的，不是对人民作出过巨大贡献的炎帝，而是蚩尤。

此外还有传说，蚩尤号为"阪泉氏"，那么所谓阪泉大战或许并不存在，那只是黄帝和蚩尤著名的涿鹿大战中的一个小插曲，是黄帝直捣蚩尤老巢的一场战役而已。况且所谓阪泉，在今河北涿鹿东南，和古代的涿鹿相距不远，那也很可能是同一地点的不同称呼吧。

暂时按照阪泉大战确实存在，或起码在神话体系中确实可以独立成章的前提来描述吧。传说黄帝发明了武器，但当然不可能当时其他部族全都使用狩猎工具甚至生产工具来作战，这只能说明黄帝及其部下的武器经过改良，非常先进吧。那么从装备对比来看，炎帝当然就不是黄帝的对手。

更重要的是，黄帝能够驱使猛兽作战，什么熊、狼、豹、虎之类的猛兽都甘心为其前驱。黄帝的大军打着以雕、鹰、鸢等猛禽做图案的旗帜，一路挺进，炎帝无法抵挡，节节败退。

炎黄部族的合并

力求从神话传说中搜寻真实的古史的看法，认为这是上古两大部族联盟之间的大决战，战后两大部族联盟就融合起来，成为华夏民族的祖先。这种观点认为，所谓熊、狼、豹、虎之类的猛兽，所谓雕、鹰、鸢之类的旗帜，都代表着以不同动物形象为图腾的原始部族。

还有一种传说，是封建时代的文人根据自己所处的社会环境展开的联想，这种传说认为黄帝与炎帝本是同母异父或者同父异母的兄弟，因为生长在不同的地方，所以黄帝姓姬而炎

●炎帝雕像

帝姓姜。两人不仅姓氏不同，德性也相差很远，因此经常发生战争。而当双方矛盾发展到一定程度的时候，终于各自汇聚周边的部族，在阪泉或者涿鹿地区展开了一场大战。

神话传说体系庞杂，众说纷纭。有认为黄、炎的阪泉大战发生在涿鹿之战以前，有认为那就是涿鹿之战本身，也有认为涿鹿之战后，黄、炎之间又爆发过一场大的战争。最符合人民感情的说法是黄、炎之间根本就没有发生过冲突，黄帝在涿鹿打败蚩尤后，两个部族就和平地生活在了一起，共同繁衍、发展，终于形成了后来的华夏民族，所以我们今天才称自己为"炎黄子孙"。

10 黄帝战蚩尤

❖ 时间：传说时代

黄帝和蚩尤之间的战争或许真实地存在过，因为神话传说中对此战前后过程的描写实在是太详细了，并且从中可以发掘出相当多的真实要素。

不管蚩尤是否为炎帝的后人，不管他是否窃据了炎帝的宝座，也不管阪泉大战是否发生过，总之最后蚩尤率领着很多南方民族，对统治北方的黄帝的权威发起了挑战，双方在涿鹿地区展开了旷日持久的惨烈战争。

强悍的蚩尤

在神话传说中，蚩尤有八十一个或者七十二个兄弟，个个都铜头铁额、兽身人语，这或许暗含着这一族的战士都头戴金属头盔、穿着兽皮铠甲的真实要素。还传说蚩尤是人身牛蹄、四目六手，或者是八手、八腿，总之相貌怪异，力大无穷。

不仅长相怪异，蚩尤还拿泥沙、石头甚至金属当粮食，并且擅长制造各种兵器。车战时代的主要兵器称为五兵，即戈、殳、戟、酋矛、夷矛，传说都是蚩尤所发明的。有这样大的本领，蚩尤又联合了南方很多民族，甚至招来魑魅魍魉等许多鬼怪做帮手，气势汹汹，

● 黄帝陵

黄帝陵在陕西黄城北的桥山上。因《史记》中的《五帝本纪》有"黄帝崩，葬桥山"的记载，故历代均在桥山黄帝陵举行祭祀大典。

向黄帝部族杀来。

传说黄帝一开始还想感化蚩尤，用和平的手段化解争端，但蚩尤只想凭借武力取得霸权，不肯罢休。黄帝没有办法，就组织起庞大的军队，前往讨伐这个凶恶的敌人，双方这才在涿鹿展开大战。

● 涿鹿之战示意图

🌊 指南车和龙吟......

这场涿鹿大战，一开始黄帝是处于下风的，他虽然兵多将广，却没有蚩尤兄弟勇猛，他虽然驱使着猛兽，却没有那些魑魅魍魉等鬼怪来得狡诈。蚩尤尤其神通广大，还造出漫天的浓雾来，把黄帝和他的军队团团围困住，找不到突围的方向。

正当黄帝愁眉不展的时候，他有一个臣子名叫"风后"，是个非常聪明的人，制造出一辆指南车来，帮助黄帝摆脱了困境。这种指南车，后世有很多能工巧匠都尝试仿造，并且多次成功，它没有使用任何磁石，靠各种类似齿轮的机构连动，只要初始设定好了方向，轮子不离地，不管怎样旋转，所指的方向都不会改变。全靠着指南车的引领，黄帝终于带着他的军队杀出了浓雾。

浓雾问题解决了，下一个要解决的问题就是蚩尤军中的那些鬼怪。鬼怪中最著名的就是魑魅魍魉——所谓魑魅，据说是人脸兽身，长着四只脚；所谓魍魉，据说长得像三岁的儿童，长耳朵、尖眼睛，最大的本领就是迷惑人。因为他们存在，黄帝的命令下达不畅，士兵被勾引走无数。幸亏黄帝广见多闻，他想起魑魅魍魉最害怕的就是龙吼叫的声音，于是就派一些士兵用牛羊角做成的号角模仿龙吟。魑魅魍魉听到这种号声，个个骨软筋麻，黄帝趁机挥军掩杀，这才把战局扭转过来。

应龙的失败

在战争最紧要的关头，黄帝派出了手下一员大将，名叫"应龙"。这个应龙，据说是背上生有一对翅膀的神龙，能驱风唤雨。应龙是真正的龙，他的吼叫声当然比号角更具威力，因而魑魅魍魉就彻底放弃了抵抗，逃散到深山大泽中去。据说它们此后本性难移，仍时常迷惑和残害过路的行人。

应龙虽然吓跑了鬼怪，但想驱使大风雨逼退蚩尤军的努力却失败了。原因是曾经在西泰山之会上为黄帝的车辆洒扫道路的风伯和雨师，被蚩尤请动出山，也加入了叛军的行列。据说风伯名叫"飞廉"，脑袋好像雀鸟，却长着一对角，身体好像麋鹿，却有豹子的花纹，他还长着蛇的尾巴。雨师名叫"屏翳"，长得好像巨大的蚕茧。风伯、雨师是掌管风雨的神灵，在他们面前，应龙的法术真是小巫见大巫，一点都施展不开来。不仅如此，风伯、雨师反倒把狂风暴雨统统倾泻到黄帝的阵地上来。黄帝眼看着又要吃败仗了，心急如焚，万般无奈之下，只好派自己的女儿"魃"上阵去抵挡。

天女旱魃

魃，也叫做"旱魃"，因为她一出现，就会造成天下大旱，赤地千里。至于魃的相貌，似乎同普通女子没有什么不同，只是顶上无毛，是个秃子——这似乎就是"赤地"的真意。据说她还经常身穿一件青色的长袍。魃一到战场上，立刻云收雨散，艳阳高照，风伯、雨师惊惶地败下阵去。黄帝趁机挥军掩杀，蚩尤吃了个不小的败仗。

魃的下场据说比较凄惨。自从参加了这场战斗，她再也

●姜寨少女墓出土的随葬品图

从1972年开始，在陕西临潼姜寨发现的黄河流域保存较为完整的以仰韶文化为主体的聚落遗址，约为公元前4600年～公元前3600年。在墓葬中发现许多精美的陶器，有装饰性的图纹和刻划符号，既反映了仰韶文化制陶业的水平，也为研究中国原始文字的起源提供了线索。

不能回到天上去，她所住之地，连年不下雨。人间怎能容得下这个干旱之神？于是人们憎恨她，驱赶她。黄帝只好把她安顿在赤水以北，不许她到处乱跑。

和魃正好相反，应龙在战后去往南方定居，所以后来南方多雨，北方多旱。应龙受到人民欢迎，《山海经》中记载说，很多地方的百姓都有装扮成应龙形状以祈雨的风俗。总之，应龙与旱魃的命运相比，实有天壤之别。

神奇的战鼓

黄帝虽然暂时打退了蚩尤的进攻，却没能取得最终的胜利。据说蚩尤背生双翅，不但能在空中飞，还能在陡峭的悬崖上行走，来往速度极快，很难抓获。首恶未除，也无法期望战争就此结束。

于是黄帝想要造一面巨大的战鼓来鼓舞军心，好将蚩尤一举擒获。他想来想去，决定在夔（kuí）和雷兽的身上找材料。所谓"夔"，据说是居住在东海流波山的一只异兽，形状好像没角的牛，但只有一只脚，毛色青灰。夔所到之处，必定伴随着大风大雨，它一张嘴嗥叫，声音好似雷鸣，震耳欲聋。黄帝派人去捉住了夔，剥下它的皮来做成一面大鼓。

所谓"雷兽"，是一个人头龙身的怪物，居住在雷泽中，喜欢拍打着自己的肚子玩耍，每次拍肚子，就会发出震耳的雷鸣。于是黄帝也派人去杀死雷兽，抽出它的骨头来做了鼓槌。

雷泽里人头龙身的异兽，很容易使人联想到使伏羲之母怀孕的雷神。此外也有夔并非怪兽而是黄帝手下掌管音乐的臣子的说法。即便是为了打败敌人，也不应该把无罪的雷神和臣子夔虐杀掉呀，那实在也太匪夷所思了。这就是古代纷繁复杂的神话传说所经常会产生的矛盾和不合理性。

黄帝的胜利

黄帝把夔的皮做成战鼓，把雷兽的骨头做成鼓槌，敲打起来，山鸣谷应，雄壮得好像真的雷声一样。黄帝的军队听到自己阵中传来的鼓声，莫不士气大振，而蚩尤的军队则吓得浑身颤抖。于是蚩尤大败，终于被黄帝捉住。蚩尤最后死于何处？传说不一。

有一则起源较晚的神话，是说黄帝与蚩尤大战了九场，都无法取得胜利。正感烦恼之际，天上突然降下一个人头鸟身的妇人，自称"玄女"，是来帮助他的。玄女传授黄帝兵法，从此黄帝行军打仗，变化多端，使蚩尤首尾难顾，终于取得了胜利。这个玄女，就是后来民间祭祀的"九天玄女娘娘"。

总之，经过长时间的战争，黄帝终于取得了胜利，从此天下太平，不仅炎黄两族逐渐融合为一，与蚩尤旧部也捐弃前嫌，加强了经济文化交流和融合。

蛐尤的传说

11

蛐尤虽然被黄帝打败了，但在上古中原民族的传说中仍是一位失败的英雄，而很多西南少数民族更是一直崇拜蛐尤，甚至认定涿鹿大战，是蛐尤战胜了黄帝。

在神话传说中，反抗黄帝权威的人类英雄或者神灵，主要有蛐尤、夸父和刑天三个。涿鹿大战，蛐尤是首谋，那是毫无疑问的；此外，据说巨人夸父一族也在蛐尤军中，而刑天据说是炎帝的臣子，那么也很有可能是僭称炎帝的蛐尤的部下。

蛐尤被杀

蛐尤在涿鹿被黄帝打败，并没有死在乱军之中，而是被黄帝军队俘虏了。黄帝见蛐尤背生双翅，动作极为敏捷，不敢有所耽搁，就在涿鹿当地把他杀掉了。据说为怕蛐尤逃跑，砍下他脑袋的时候，还不敢把禁锢他手脚的木枷除去。杀死蛐尤后，从他身上摘下染有血迹的木枷，抛掷在荒野中，传说这木枷立刻变成一片枫林，每一片叶子都鲜红如血，似乎在倾诉蛐尤恒久不灭的冤屈和愤恨。

也有一种说法，说蛐尤曾经从主战场上逃脱，一直逃到冀州中部，才终于被黄帝的追兵赶上。黄帝就在擒获蛐尤的地方砍下了这个敌人的首级，为怕他复生，就把身体和脑袋分别埋葬，从此这个地方就被称为"解"。解就是分开的意思——这里就是如今山西的解县。解县附近有一座盐池，叫做"解池"，池里的盐

● **山形玉饰·良渚文化**

玉饰的三叉两侧高，中间低。两侧的高叉上各有一眼及眉毛，上饰花冠，似侧面的神人头像，中间矮叉上饰一个戴冠的正面头像。器下部琢兽面纹。矮叉顶有一圆孔，似可认为这件玉饰是组成某一器物的部件之一。

水颜色泛红，据说那就是被蚩尤的血染红的。

还有一种说法，蚩尤的身体和首级并没有被埋在解县，而被运去了黄帝的根据地山东，身体埋在钜野，坟墓名叫"肩髀冢"；首级埋在寿张。古代寿张的居民每年十月都要祭祀蚩尤，据说此时总会出现一道赤红的雾气，从坟头直冲云霄，好像一面旗帜，人们把它叫做"蚩尤旗"。

"兵神"蚩尤

还有一种说法，蚩尤并没有被黄帝斩首，他在战败后表示悔过，于是仁慈的黄帝就饶恕了他。从此蚩尤就在黄帝的部下效劳。据说西泰山大会是在涿鹿大战之后，开道的蚩尤，以及洒扫道路的风伯、雨师，都是败军之将。

不管蚩尤最终有没有被杀，对于上古这个敢于挑战黄帝权威的英雄，历代民众对他又恨又爱，又惧又敬。因为蚩尤创造了五兵，又有铜头铁额，勇猛善战，所以很多古人尊他为"兵神"。战国时代开始的角抵戏，是两人比较力量和骑射的技艺表演。大约在晋朝，今河北一带将它发展成蚩尤戏。老百姓三三两两头戴牛角，互相抵触。很明显，这种娱乐活动是在模仿牛头的蚩尤战斗时的情景。

神秘的饕餮纹

古代很多器物上都饰有一种奇特的兽形纹，以商代青铜器上为最多，那就是饕餮（tāo tiè）纹。饕餮纹细看是两条侧面的龙或者蛇以头相对，这样就自然形成了双眼双耳，一张巨口，有人就认为那是一种有头无身的怪兽，细细的龙尾不是龙尾，而是怪兽的翅膀。这种怪兽，名字就叫"饕餮"。

饕餮是古代传说中的恶兽，据说它吃人未咽，所以没有了身体，只剩一个硕大的脑袋，以及似乎可以吞下一切的大嘴，饕餮这个词也逐渐引申为贪财之意。有一种说法，这个饕餮，正是蚩尤被砍下的脑袋所变化而成的，它那一对翅膀还保留在头颅两侧。

还有人认为饕餮的原型是炎帝的后裔缙云氏（不肖之子的外号），或者是南方一种头戴野猪头，不吃五谷而吃人的毛人。不管是炎帝的后裔，还是南方的毛人，不也隐约暗指蚩尤吗？

嫘祖养蚕

12

❖ 时间：传说时代

据说黄帝的妻子和臣子们也对文明的发展作出了非常巨大的贡献：正妻嫘祖发明了养蚕和抽丝，并将蚕丝织成绸缎；大臣仓颉发明文字以代替结绳记事，雍父制造白杵用来舂米，大挠（或说为容成）制定干支历法以利农时，伶伦发明乐器、制定音律，共鼓、货狄发明造船术，挥、牟发明弓箭，隶首发明算术等。

中国是丝绸之国，最早发明了养蚕抽丝织绸的技术，这种技术通过著名的"丝绸之路"传到西方。那么，养蚕技术是何时何地由谁发明的呢？

🍃 蚕神的传说

上古的人类还不知道养蚕抽丝织绸，习惯用麻来织布做衣。据说黄帝打败蚩尤以后，四方都进献各种珍宝以资庆贺，其中有一位蚕神，来自欧丝之野，献上了纺好的丝线，从此，人们就学会纺织丝绸了。

这位蚕神是什么人呢？据说古代有位男子出门远行，很久都没有回来，他的女儿非常想念他，某次半开玩笑地对家里养的一匹白马说："马呀，马呀，你如果能去把父亲找回来，我就嫁给你为妻。"

这匹白马通人性，听到这话，立刻挣脱缰绳跑掉了，过了几天，真的把主人带回家来。父女相见，又惊又喜，然而有功的白马却从此不吃不喝，一天天瘦了下去。父亲很奇怪，就仔细询问女儿家中的情况，女儿把她对白马的许诺说了。父亲非常生气，就杀掉了白马，并且剥下皮来晾在院子里。

有一次，女儿和伙伴们在庭院中玩耍，马皮突然好像活了一样直跳起来，包裹住她的身体，飞快地向外跑去。父亲焦急万分，到处寻找，好几天后才在一棵大树上找到了被马皮包裹着的女儿。但是这时，女儿已经和马皮连成一体，变成蚕了，而那种大树从此也被叫做"桑"。"桑"是"丧"的谐音。

🍃 西陵氏之女

大概古人看桑蚕通体雪白，脑袋好像马头，才会有上述的联想。这种传说，在世界很多地方都有类似版本，不知道是分别形成的，还是从中国传过去的。所以蚕神又被称为"马头神"或者"马头娘娘"。

但是还有一种说法，说蚕神其实就是黄帝的正妻嫘祖。嫘祖，又写作"雷祖"或者"累祖"，是西陵氏之女。相传是她最早发现了蚕会吐丝，而这种丝可以用来纺线织布，用它做成的衣服又轻又滑。很可能她代表西陵氏前来向黄帝进献蚕丝，黄帝看这位姑娘不仅漂亮而且能干，就娶其为正妻。

嫘祖最先开始养蚕织布，人们也跟着仿效，从此采桑、养蚕、抽丝、织布就成为古代妇女们的专业，逐渐形成男耕女织的传统。很早的时候，人们就把银河两旁的两颗星星叫作"织女星"和"牵牛星"，说他们是一对恩爱的夫妻，此后逐渐演化成牛郎织女鹊桥相会的民间故事，由此也可知道纺织丝绸的技术，中国人民很早就已经掌握了。

嫘祖的功绩

嫘祖的功绩并不仅仅在于发明了养蚕技术，据说作为黄帝的正妻，母仪天下，她还创建了很多礼仪规范，使整个神州大地的人们不仅穿着得体，而且人人相互礼让，社会一片安定祥和。

不过那也只是古老的传说而已。事实上，不但普通百姓是穿不起丝绸衣服的，就连王公显贵，很长一段时间内丝绸衣料也是难得的奢侈品，麻织物在社会生活中依然占有绝对大的比例。传说黄帝的臣子伯余最早用蚕丝织成的绢做成服装，在此基础上，黄帝设计了冕服，也就是帝王和贵族们的礼服。那时候，帝王和贵族们，大概也只有祭祀时才舍得穿用丝绸做成的礼服吧。

据《山海经》载，嫘祖为黄帝生了两个儿子，长子叫玄嚣，次子叫昌意。昌意居住在若水，生下韩流。韩流娶淖子氏之女为妻，生下大神颛顼（zhuān xū）。颛顼后来继承黄帝之位。

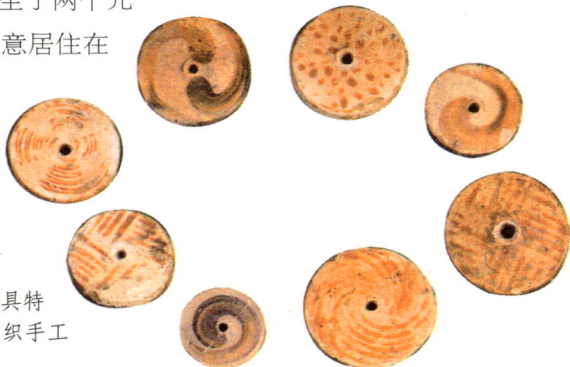

● 彩陶纺轮

湖北省荆门市的屈家岭文化以彩陶纺轮最具特色，它既是原始文化艺术的反映，也是纺织手工业发展到一定阶段的产物。

仓颉和伶伦

❀ 时间：传说时代

先民们经过漫长的蒙昧时代，一步步走向文明，走向开化，其中语言文字和艺术起了相当大的推动作用，并且也是文明开化的重要标志。汉字据说就是仓颉所造，他和对音乐有极大贡献的伶伦，都是黄帝的臣子。

1989年，在宁夏中卫大麦地发现了大量的独立岩画群，部分专家认为这些岩画实际上是一种象形文字，比公认中国最古老的甲骨文还要早上数千年。这一观点还有待进一步的研究与考证，但中国最古老的文字是象形文字，却是毋庸置疑的。

🌿 文字的诞生

虽然甲骨文已经是一种非常成熟的文字了，但是在甲骨文诞生数百、上千年前，甚至更早远的时间，华夏先民就已经学会使用文字来记事了。文字产生之前，人们大多用结绳、结珠、刻符、图形来记录时间、事件，以及粮食和牲畜的多寡。比如要记录牲畜的数目，可以在绳子上打上同样数量的结，也可以打小结表示个位，打大结表示十位，打更大的结表示百位，或者用不同的颜色来加以区分。这种结绳记事的方法，对于某些简单的事物还可以，若记录一些复杂的事情就容易出错或产生误解。比如涉及具体的日期或事件，绳结的颜色和大小区分有限，随着时间的推移，人们往往无法猜测出某个结究竟代表什么含义，就连当初打结的人，也未必能记得很清楚。

人们的社会生活日益丰富和复杂，人与人之间的交往越来越频繁，逐渐地，结绳等记事无法满足大家的需要，迫切需要发明一种更行之有效的方法来记录事物。就在这种背景下，文字出现了，而汉字的发明者，历代都认为是黄帝的臣子仓颉。

● 刻符陶尊 · 大汶口文化

仓颉造字

相传，仓颉是黄帝的大臣，他担任着史官的职务，称"史皇氏"。负责记录当时的大小事情。仓颉逐渐觉得结绳的方法比较粗陋，难以满足自己的需要，于是黄帝就授命仓颉去创造"文字"。

古人难以理解抽象的文字究竟是怎么创造出来的，所以有的说仓颉是受到了动物脚印的启发，有的说仓颉是受到了动物斑纹的启发，有的说仓颉是受到了星辰和山川形象的启发。总之仓颉受到了某种启发，靠一个人的力量就把最原始的汉字创造出来了。最原始的文字都是象形字，后来的其他几种造字方法最初是没有的。

在上古社会，文字是种神秘的东西，只有重要人物才能够学习、掌握它。传说仓颉造出文字后，"天雨粟，鬼夜哭"，整个世界都为之震动。因为文字能够开化人类的智力，而人类智力一开，难免会引发很多争端。所谓"天雨粟"，是老天预感到人类将会挨饿，所以事先降下食物来。所谓"鬼夜哭"，是鬼怪因世界将发生动荡而感觉恐惧不安。

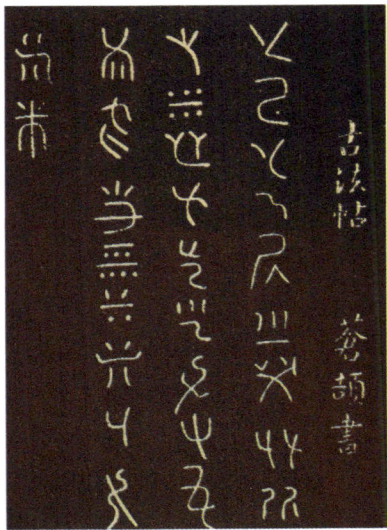

●传说中的仓颉书法

乐师伶伦

先民很早就为了捕猎而模仿动物的叫声，时间久了，又开始模仿风吹、叶落等种种自然界的声音，再往后，发明乐器，创造出种种自然界没有的声音，这就是原始的音乐。据说最早的音乐是完全随心所欲的，黄帝的乐师伶伦改变了这种状况。

传说伶伦发明了管乐器，把当时中原地区常见的竹子截成小段，装上簧，就能吹奏出各种不同的声音来。一次他听到凤凰的鸣叫声，清越悠扬，非常美妙，就决定用竹管来模仿。经过反复地倾听和研究，他不但成功地模仿出凤凰的鸣叫声，还分辨出雄性凤的叫声洪亮，有六种变化，而雌性凰的叫声柔美，也有六种变化。

伶伦截取了十二根长短不一的竹管，其中六根模仿凤鸣，制成六阳律，另外六根模仿凰叫，制成六阴律，从而制成了十二律管。中国最古老的乐律就此诞生了，伶伦的功绩遂被千秋万代传颂。

远古三大部落

中华民族是由居住在中国境内的很多原始部族融合而成的。由于史料匮乏，我们只能通过神话传说去探知、揣测上古文明的真实内涵。根据上古神话传说的三个源头，可以推演出中华民族的三个主要来源，即上古的三大部族集团：华夏集团、东夷集团和苗蛮集团。

▲彩陶鹳鱼石斧图缸·仰韶文化

华夏集团

夏朝建立以后，其民称自己为夏或诸夏，这一支就是华夏集团的后裔。华夏集团的主要生活区域，是在黄河中游的所谓中原地区，基本流向是由西向东，他们尊炎、黄为其始祖。从考古学的验证上来看，以陕西省为中心的仰韶文化，很可能就对应着华夏集团。

东夷集团

东夷集团的发源地在今天的山东半岛和安徽省境内，部分向西迁徙，进入中原地区，部分向南迁徙，进入长江中下游地区。商人就称自己是夷人，他们所崇拜的太皞、少昊，以及帝俊，就都是东方的上帝，或者出生于东方。从考古学的验证上来看，很可能东夷集团对应的是以山东为中心的大汶口文化。

▲嵌松石骨雕筒·大汶口文化

◎这个雕筒出土于山东泰安市大汶口，由动物肢骨雕刻而成，一侧穿有四孔，便于系绳携带。牙骨雕刻及玉石镶嵌技艺始于大汶口文化，并开创了商周镶嵌工艺的先河。

苗蛮集团

　　伏羲、女娲神话出自南方的苗蛮集团，这个集团原本居住在河南省南部和湖北省北部，历代受华夏和东夷集团的压迫，被迫南迁到长江中游的鄱阳湖、洞庭湖地区，其后裔甚至可能迁入更南方的湖南和云贵一带。江汉流域的屈家岭文化，很可能就对应着上古的苗蛮集团。

▶**彩陶纺轮一组·屈家岭文化**

▼**山东曲阜的少昊陵**

◎少昊陵，古称寿丘或云阳山，位于曲阜城东4千米处，传为少昊的陵地。少昊号金天氏，传为黄帝之子，五帝之一。少昊陵呈正菱形台，状如金字塔，底宽28.5米，坡高15米，顶边皆为9.4米。上有清代黄琉璃瓦小庙，内供宋代汉白玉石像。

颛顼与帝喾

❖ 时间：传说时代

各种说法的五帝中，大多会提到颛顼和帝喾，传说中他们曾代黄帝
担任中央天帝，前承炎黄，后启尧舜，奠定了华夏根基，是华夏民族共
同的人文始祖。

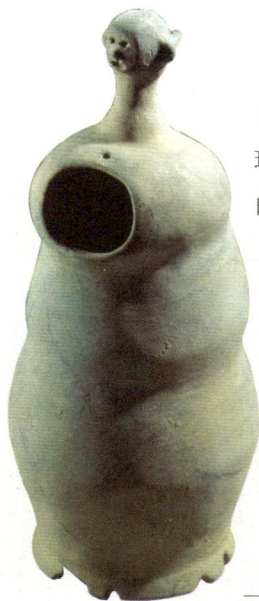

颛顼高阳氏，帝喾高辛氏，传说都是黄帝的子孙。《山
海经》中说，黄帝和嫘祖生昌意，昌意生韩流，韩流生颛
顼。《史记》中说，帝喾是黄帝的曾孙。周人认为黄帝是他们
的先祖，姓姬，所以颛顼和帝喾也是姬姓的君王。

颛顼和天梯

传说颛顼生于若水，后来住在空桑，这个"空桑"也就
是"穷桑"，颛顼神话和少昊神话颇有雷同之处。颛顼当
过北方的上帝，他的辅佐官是禺强，也称玄冥，此神人面
鸟身，耳朵上挂着两条青蛇，脚下还踩着两条青蛇。

传说颛顼非常喜好音乐，曾经派飞龙（或许是他臣子的
名字）模仿八方来风的声音，创作了一首曲子，起名叫《承
云》，献给黄帝。

● 崧泽文化人首陶瓶

在任何民族的远古神话中，人类英雄都具备神性，而神灵则
都具备着人性，也就是人神不分，两者除了力量、神通有不同外，并
无区别，甚至神灵也和人类一样无法逃脱死亡的命运。在那个时代，
人和神是经常交往、沟通的，神可以下地，人也可以上天，在中国古
代传说中，人类主要通过攀爬天梯的方法，前往上界和神灵会面。

天梯也就是天柱，一般以高山的面目出现。比如著名的昆仑山，
还有肇山、登葆山等；此外，据说都广之野有一棵巨大的树叫做建
木，也具备天梯的功能——都广之野，或许就是现在的成都平原。

绝地天通

　　人与神自由沟通，这个美妙的时代被天帝颛顼终结了。不知道颛顼出于一种怎样的理由，或许他认为和人类接触太频繁有伤神的自尊，或许他认为人间的纷争越来越多，神还是少插手为好，总之，他派了大臣重和黎二人去"绝地天通"，也就是阻断天与地之间的通路。

　　通路虽然被阻断了，人类不再能够通过天梯去直接和神见面，神想要到下界来，却依旧是很简单的事情，不过似乎从此以后，神尤其是天帝就不大爱管人间的事情，只是高高在上享他们的清福。于是颛顼派重管理上天，黎管理下界——据说这两位神都是颛顼的孙子，他们建立的完全是一个家族政权。

　　著名历史学家徐旭生先生认为所谓"绝地天通"乃是一次宗教改革。颛顼以前，每个人都可以祭祀神灵，每个家族都有祭祀天地的权力，宗教活动没有足够的神圣性，大大影响了人们对鬼神的虔敬，降低了神权的威严。颛顼决定收回这种权力，设立专人负责祭祀，也等同于阻断了普通人和上天沟通的权力。通过这次宗教改革，颛顼借助宗教感召力，把人心离散的部落联合在一起，同时也树立了自身不可替代的神圣地位，促进了远古文明的发展。

共祖帝喾

　　上古时代，不仅文字是神圣的，音乐也是神圣的，所以传说中的神灵或帝王大都对音乐作出过贡献。代颛顼为中央天帝的帝喾，据说就曾派臣子咸黑创作乐曲，派有倕制作了鼗、鼓、钟、磬、管、埙、椎钟等各种乐器。帝喾让手下人使用这些乐器演奏出美妙而庄严的乐曲，连凤凰听到这种乐曲都会翩翩起舞。

　　帝喾在商人的神话中被写作帝夋，后来衍变为帝俊。帝喾具备着丰富的人性，而帝俊则主要反映了他神性的一面。传说帝俊有两个妻子，正妻羲和，生了十个太阳，次妻常羲或者叫常仪，生了十二个月亮。后世因此也称太阳神为羲和，而常仪，则衍生出嫦娥奔月的故事。

● 陶埙

埙产生于史前时代，是一种古老的吹奏乐器，多用陶土烧制而成，形状像鸡蛋，有一至六个音孔。

15 帝尧的传说

❖ 时间：传说时代

尧，历代常称为帝尧；舜，历代常称为帝舜。"帝"这个字在上古只用来指称上帝也即天帝，这说明尧、舜这两个形象依旧是人神掺杂的上古英雄形象，在他们身上会发生那么多稀奇古怪的事情，也就不足为怪了。

仁德的帝尧

帝尧也称陶唐氏、唐尧，他的仁德为历代所传诵。传说他住在茅草房子里，屋梁和家具都不刨光，更别说上漆了。他所使用的都是土盆土碗，喝的是野菜汤，吃的是糙米饭，穿的是粗麻布衣，冬天也顶多加披一块鹿皮而已。

帝尧很关心爱护他的人民。如果有人吃不饱肚子，帝尧必定会检讨说："这是我使他饥饿的。"如果有人穿不起衣服，帝尧也必定会检讨说："这是我使他寒冷的。"如果有人犯了罪，帝尧也必定会检讨说："这是我治理无方，才使他陷入了罪恶的泥潭。"

因为帝尧是如此贤明，所以在他的庭院中生长出许多代表吉祥的植物。比如说，有一株蓂荚，生长在台阶的缝隙里，每月初一开始结一枚豆荚，以后每天结一枚，到了十五日正好是十五枚。从月半十五以后，这株植物就每天掉一枚豆荚，到月底正好掉光。如果那个月是小月，只有二十九天，最后一枚豆荚还会枯而不落。帝尧就把这株神奇的植物当成自己的日历本，称它为"历荚"。

● 尧庙古树

位于山西临汾南4公里处的尧庙里的千年古树，象征了中华民族古老的根。

名臣济济

古代传说中，帝尧本人的品格是很高尚，不过他把重大国政都交给了他的臣子，这大概因为他的臣子实在是太杰出了，人才济济的缘故吧。据说当时后稷为农师，倕为工师，契为司马，夔为乐正，皋陶为司寇，后来还出了一个大贤舜，做了帝尧的辅佐官。

乐正夔，或许本就和黄帝传说中的那个独脚怪兽同出一源，或许是个以那种怪兽为图腾的部族首领，总之，他在音乐上是很有天赋的。传说他创作了一首乐曲，名叫《大章》，这乐曲温柔平和，感化人心，从此整个天下都变得太平起来。

帝尧最有名的臣子还要算是专管审案的皋陶。据说此人脸色发青，让人一看就知道他铁面无私；还有传说他长着鸟喙一样的嘴，这种特征是代表了诚信。皋陶审案是最公正的，被告原告，有罪无罪，他能够分得一清二楚，这都归功于一头名叫"獬豸"的神兽。

据说，獬豸（xiè zhì）长得像羊，只有一只角，人与人之间产生争端，獬豸就会用角去顶理亏的一方。有了这种神兽帮忙，难怪皋陶断案如神了。所以很多朝代法官所戴的帽子和其他官员是不同的，并且起名叫做"獬豸冠"。

● **锥刺纹陶响铃**

响铃是原始社会乐器，供娱乐之用。这个响铃呈圆饼形，铃壁排列了规整的锥刺纹，并有一大穿孔。

延伸阅读 原始音乐的产生

在新石器时代，音乐已从乐舞中发展成为高度发达的音乐体系，人们对音乐的乐律性质已有了理性认识。随着笛、埙等有明确音高的旋律乐器的出现，人们开始认识音之间的关系，音阶开始产生，并有了将音纳入模式的乐律知识。山西万荣县荆村和半坡的陶埙已不按绝对音高制作，而具有调试性质，其中一音孔陶埙均能发出4个音，并且每个相邻的音阶各埙也大致相同。早于仰韶文化的河南省舞阳县北舞渡镇贾湖新石器遗址出土有25件骨笛，骨笛采用丹顶鹤的尺骨制作，大多为七孔，能奏出七声音阶，结构完整准确，音质较好。有些骨笛在音孔旁还有调音用的小孔，可见制作者具有明确的乐律意识和调音水平。新石器时代中国音乐的产生，就是人类音乐在东亚的首次突破，为中国音乐文化的发展奠定了基础，也深深影响了商周的生活方式。

● **钩羽圆点纹彩陶盆·庙底沟遗址**

陶盆全部统一为弧形的钩羽圆点纹，展开在自由流动的图案格式中，显示出庙底沟彩陶奔放活泼的艺术风格。

十日并出

按照迷信的说法，天人之间是有感应的，如果君王失德，上天定会降下灾祸，以作警示。不过按照这种陈腐的观点，可就没法解释帝尧所碰到的种种天灾了。照理说帝尧的品德如此高尚，他的臣子如此能干，国家治理得有条不紊，应该毫无天灾，百姓安居乐业才对，然而传说中，帝尧的时代却天灾不断。

首先是十日并出。传说太阳本是帝俊和羲和所生的儿子，共有十个，他们每天轮班，派一个兄弟从东方海外的汤谷起程，横亘整个天空，最后至西方的蒙谷潜入地下——这时候，天就黑了。如此十日轮替，千百年来都没出过乱子。可到了帝尧的时候，不知道怎么一来，这兄弟十个突然在同一天一齐跑到天上去了，并且再不肯回家。

十日当空，热浪滚滚，河流全部干涸，植物全都枯死，连石头、金属都被晒得熔化，这实在是古往今来最可怕的大旱灾。更可怕的是，趁着这场大旱灾，各地的妖魔鬼怪全都冲出他们的巢穴，开始肆无忌惮地残杀人类。帝尧派出好几个巫师去向上天祷告，请求那十个太阳快快下山，却都得不到回应。

大洪水的传说

十日并出的大旱灾，传说最后被英雄羿结束了，然而帝尧时代的第二场可怕的天灾很快又拉开了帷幕。那是千年甚至万年都难得一遇的大洪水，据说整整延续了22年之久。那时候全国的河流都泛滥了，除了几个高高的山头，整片大陆都被沉入水下，到处是滔天巨浪，简直像是共工撞倒不周山以后的大洪水再现。当初全靠了女娲补天，才把人类从灭亡边缘拯救出来，此刻又有谁能阻止人类的灭亡呢？

非常奇怪的是，世界各国的神话传说中，都存在着大洪水的影子。古代两河流域和古希腊的神话中说，因为人类不敬天神，生活奢靡放荡，所以天降大洪水，把绝大部分人类都淹死了，最后只剩下一家好

人，他带着妻儿、禽畜躲在一口大
箱子里，幸免于难，等洪水退去，
才离开箱子，重新繁衍出新的人类
来。这个神话后来被古希伯来人所继
承，演变成著名的"诺亚方舟"的故
事。古印度传说中，得救的是渔夫曼努，
他预先被一条神鱼警告，所以造了船，躲
过了大洪水。

●彩陶篮形器·仰韶文化

　　这些传说使得古代学者们普遍相信创世之初暴发过一场波及整个世
界的洪水灾害。柏拉图就曾声称，文明达到鼎盛的亚特兰蒂斯因此被
埋葬在大西洋中。对比中国的伏羲、女娲兄妹相配的传说，女娲补天
的传说，还有帝尧时代大洪水的传说，或许真的存在过这样一场巨大
的天灾，或许这些传说都出自同一个源头。

流放丹朱

　　中国古代的这场大洪水最终被睿智而顽强的大禹治好了，此后人们
重新开始了和平安定的生活。这个时候，帝尧也已经老了，想要卸除君
主的重担，找一个好的继承人来代替他治理天下。他首先想到的是儿子
丹朱，然而丹朱行为放荡，太不成器。尧就用桑木做成棋盘，用象牙做
成白子，用犀牛角做成黑子，发明了围棋来教
化丹朱。可惜丹朱下了两天棋就感觉乏味了，
依旧带着他的狐朋狗友们到处去胡作非为。

●双连壶·仰韶文化
双连壶是仰韶文化的代表性器物。

　　帝尧彻底地失望了，就把丹朱流放到
丹水（源出今天的陕西商县，流经河南、湖
北等省），但丹朱不但毫不悔悟，反而联
络了西南的一些部族造反，想要推翻帝
尧的统治。帝尧无奈之下只好派兵
讨伐，杀死了丹朱。

　　经过长期寻找和考察，最后帝尧决
定把王位传给自己的辅佐官、女婿舜，
自己前往山林中去隐居了。

⑯ 羿射九日

❀ **时间：传说时代**

传说中，人们常将羿与后羿混为一人。其实，后羿在历史上确有其人，是夏代有穷国的首领。"后"是夏代对君王的尊称，后羿发动叛乱，赶走了夏后太康，成为了夏的君主。而羿是传说中射日的天神，他射下九日、除妖斩怪，因而赢得了后世的尊敬。

帝尧统治的时代，天上十日并出，人类遭逢如此大的灾难，生不如死，几乎灭绝。传说天帝（或许就是十日的父亲帝俊）实在看不过去了，就派擅长射箭的羿下凡来解除灾祸。考虑到帝尧也具备神性，本身很可能也是天帝的化身，羿大概原本就是他的臣子。

羿射九日

据说羿的左臂比右臂长，似乎天生就是射箭的好手，他拿着天帝赐给的弓和箭降临到凡间，瞄准天上的十日，做势欲射。

想来帝俊不会真的想杀死自己的太阳儿子吧，他派羿下凡，只为了警告这些胡闹的小子规矩一点。然而太阳兄弟似乎并不肯接受父亲所派来的使者传达的警告，依旧悬在当空，丝毫没有落山的意思。羿生气了，真的搭弓放箭，"嗖、嗖"两声，天上的太阳应声而落。

古代传说，日中有金乌，月中有蟾蜍。所谓金乌，就是金色的三足乌鸦，或许那就是太阳兄弟的本体。总之，随着羿的连射，天上连续掉下来九只金乌，天气很快变得凉爽起来。最后幸存的那个太阳从此规规矩矩，再也不敢肆意妄为了。

除妖斩怪

羿的功绩并不仅仅在于射下九日，因为很多妖怪都趁着下界闹灾的机会冲出巢穴，到处残害人类，所以羿又巡游各方，用他神射的本领，把这些妖怪逐一解决掉了。

他第一个杀死的是猰㺄（yà yǔ）。这种怪兽据说形状像牛，遍体赤红，人脸马蹄，嗥叫的声音好像婴儿啼哭。猰㺄喜欢吃人，到处残害百姓。羿首先射死了猰㺄，除去一害，然后前往畴华之野去杀凿齿。

这种名叫凿齿的怪物，有的说它是人身，有的说它是兽体，但不管怎样，有一个特征是很明确的，那就是它的嘴里长着一根长五六尺，好像凿子一般锋利的大牙齿——凿齿的名字，就是因此而来。凿齿智商颇高，传说它拿着一柄戈，或者一面盾来迎战羿，然而射术精妙的羿根本就不容它近身，一箭取了它的性命。

羿第三个射死的，是北方凶水里的怪兽九婴。九婴长着九个脑袋，能够喷火。第四个射死的，是东方青丘之泽中名叫"大风"的怪鸟，它能吹坏房屋。因为恐怕一箭不能命中要害，这只大鸟带箭飞去就很难追踪了，于是羿就在箭尾绑了一条青色的丝线，然后一箭中的，扯着丝线把大风拉到地上砍死了。这种用带有绳索的箭射鸟的方法，古代叫做"弋"。

英雄的悲剧收场

南方的洞庭湖中，有一条巨大的蛇正在作怪，这条蛇有黑色的身体，青色的脑袋，叫做"修蛇"，又叫"巴蛇"。它能够一口吞掉大象，然后消化三年，才把象骨从嘴里吐出来。据说人要是吃了它吐出来的象骨，就可以治心口疼或者肚子疼的病。羿杀死了巴蛇，它的尸体打捞上来，竟然堆成一座山，那地方就是巴陵，又叫巴丘。

最后，羿又射死了藏在桑林中的封豨，也就是大野猪。天帝被羿射死了九个太阳儿子，非常不高兴。羿用封豨的肉来祭祀天帝也得不到原谅，从此他就滞留地上，再也不能飞升上天了。

●雷公、电母、雨师和八卦神

元代壁画，位于山西省芮城永乐宫三清殿西壁。神灵们的形象在此后的中国历史中逐渐与人间的帝王将相相重合。

⑰ 嫦娥奔月

月亮上有座广寒宫，广寒宫里住着一位名叫嫦娥的仙女，这个传说在中国可谓家喻户晓。然而嫦娥原本是什么人，她究竟为什么和怎样才能够飞到月亮上去，知道的人就不是很多了。

嫦娥，古书上也写作姮娥。关于嫦娥的传说，一般认为她是射日的大英雄羿的妻子，然而羿的妻子似乎并不仅她一人。

羿射河伯

大诗人屈原在《天问》中写道："帝降夷羿，革孽夏民，胡射夫河伯而妻彼雒嫔？"这分明是把羿和后羿搞混了，于是发问道：上帝派羿下凡了是为了解除人民的苦痛，他为何又去射伤河伯，并且霸占了雒嫔呢？雒嫔就是洛水女神，也就是伏羲的女儿宓妃，传说中，她后来做了河伯的妻子。

古代单独称河，一定指的是黄河，那么河伯就是黄河之神。传说他某次化身为白龙，在水中游来游去，正好被羿看见，羿就开弓放箭，射瞎了他的左眼。河伯去找天帝哭诉，请求他杀掉羿。天帝问他说："你怎么会被他射伤呢？"河伯回答说："我正好化身为白龙出游。"天帝责怪道："如果你安居水府，谁都伤害不了你，你变成动物被人射伤，那是很正常的事情，我怎能因此处罚羿呢？"

按照屈原在《天问》中所言，似乎羿是为了抢夺宓妃才射伤河伯的，这种行为实在和他大英雄的身份不符。不过龙出水面，一定会带来风雨，或许羿是为了制止水灾的发生，才伤害了河伯的吧，这说明对于帝尧时代大旱灾之后的大水灾，羿也是作出过卓越贡献的。

西王母和不死药

羿因为受到上帝的责难，不能重回天界，他的妻子嫦娥也只好陪着他呆在地面上。嫦娥对此是很不满的，羿虽然并不后悔自己的行为，但想到人寿有时而尽，不知道哪天就会死去，心里也不好受。他听说西王母那里有可以长生不老的灵药，就决定千里跋涉，前往访求。

西王母是居住在昆仑山上的神人，后世把她描绘成一位慈祥的老妇人。在最早的神话传说中，她的样子却半人半兽，非常奇特。据说西王母长着豹子的尾巴，老虎的牙齿，头发蓬松，头顶长着高高的鸟冠。不过，如果把这些特征都看做是上古部族统治者的特殊装束，倒也能说得通。

昆仑山高与天齐，周围还围绕着弱水和火山，人类是很难攀登的，但这当然难不倒大英雄羿。羿经过艰难的跋涉，终于见到了西王母，得到了不死之药。西王母关照他说："这药是给你和你妻子吃的，吃了就能长生不老；如果一个人吃了两份，就能重回天界。"

羿高高兴兴地回到了家，打算找个良辰吉日，和妻子嫦娥一同服用这不死之药。然而嫦娥实在是太想念天界了，她瞒着羿，一个人吃掉了两人份的不死之药，于是身体变轻，慢慢地向天空飘去。

冷清的月宫

大概是害怕天上的仙人责备她抛弃了丈夫，嫦娥不敢返回天界，她飘飘荡荡地去到了月亮上。据说一登上月亮，她的身体就发生了变化，从一个美女变成了一只丑陋的癞蛤蟆——日中有金乌，月中有蟾蜍，这种变化倒是早就注定的。

不过这种传说未免太过凄惨，所以还有一种说法：嫦娥并没有变成蟾蜍，只不过月亮上空空荡荡的，除了一只小兔子，一株桂树，还有一个名叫吴刚的仙人外，什么也没有，嫦娥从此就过着寂寞冷清的生活。那个吴刚，据说是学仙犯了罪，被贬到月亮这荒僻的地方来，要他天天砍伐桂树，何时树倒，他就能免罪。然而那株桂树本是神物，树干砍开后立刻就又合拢。吴刚砍呀砍呀，只能永远呆在月亮上了。

其实嫦娥并不算可怜，她是咎由自取，被她抛弃的羿才真的肝肠寸断吧。

●北京颐和园长廊彩画中的嫦娥奔月图

18 帝舜的传说

❀ 时间：传说时代

从帝尧到帝舜，再到大禹，神话传说在逐渐演变，上古人神合一的英雄人物逐渐转化成真正的人，所以三个人的故事一个比一个更丰富，一个比一个带有更多的人类的七情六欲。

帝舜又称"虞舜"、"有虞氏"，传说中他的出身并不高贵，父亲是一个盲人，因此被称为瞽叟，"瞽"就是瞎眼的意思。瞽叟第一个妻子生下舜就死了，他又娶了一个妻子，生下舜的弟弟象。

舜的德行

传说帝尧在位七十年后，外国献来一只神鸟，这神鸟只有一个眼眶，两个瞳仁都生在同一个眼眶中，因此叫做"重明鸟"。据说舜本姓姚，名叫重华，重华和重明是同一个意思，舜长得也很奇怪，每个眼眶里都有两个瞳仁，目光格外地明亮。从这方面来看，或许姚重华和重明鸟本就来源于同一个上古神话传说。和得到外国进献的重明鸟相类似，帝尧也是七十岁的时候听闻了舜的贤明，把他召到自己的身边。

可是瞽叟和他的后妻都不喜欢舜，甚至想谋杀舜，好让象名正言顺地成为瞽叟的财产继承人。但是舜对此并没有表示出丝毫的不满，他非常尊敬和孝顺父母，对弟弟象也很好。如此高尚的品德，使周边的人民全都敬爱他。

舜和象的斗争

帝尧年纪老了，想要寻找一个合适的继承人，重臣"四岳"向他推荐了舜，说此人虽然年轻，德行却是谁都比不上的。帝尧还有点将信将疑，就把自己的两个女儿娥皇和女英嫁给舜，要她们考察女婿的品德，随时向他汇报。

看到舜竟然娶回两个美貌的媳妇，瞽叟夫妇非常不高兴，象更是嫉妒万分，他们合谋要害死舜。首先，瞽叟叫舜去修补仓廪。正当舜在廪顶涂泥加草、用心修补时，象却故意把下面的梯子拿走了，并在房子底下放火，想烧死舜。危急关头，舜化作一只大鸟，冲天而起，一点没受到伤害。一计不成，他们又骗舜去挖井，却把井口堵死，舜化作一条大龙穿通井壁，再次逃出来。

象以为舜已经死了，得意地对父母说："主意是我出的，两个嫂嫂和舜的琴都要分给我，他的牛羊谷仓就给二老吧。"象说完立刻跑到舜的家里，拿起舜的琴来弹。弹到一半，舜突然出现在屋门口，象惊愕万分，只好解释说："我正在怀念哥哥，所以弹琴以寄托思念之情。"舜没有揭他的老底，反而笑着说："这样就好，这样才是弟弟该有的样子。"从此舜对父亲和弟弟更为爱护。

另一种传说，舜能屡次逃脱大难，全靠聪明的娥皇和女英。房屋起火，是妻子们事先叫他准备两个大斗笠，危急时张开斗笠，像大鸟一般缓缓下坠；凿井被堵，是妻子们事先叫他准备好工具，穿通井壁逃了出来。后来瞽叟想灌醉舜，然后杀害他，也全靠了妻子们事先准备好解酒药，瞽叟只好放弃了他的阴谋。

湘妃竹的传说

帝尧考察舜很长时间，非常满意，于是让舜做自己的辅佐官和继承人。帝尧退位后，帝舜成为天下的共主。传说瞽叟夫妻和弟弟象也终于和舜和解了，舜把象封到有鼻地方做诸侯，还发明了象棋来教化他。

帝舜关心民间疾苦，经常游历四方，为百姓排忧解难。帝舜在去南方巡查的途中，死于苍梧之野，葬在九嶷山的南面。他的两个妻子娥皇和女英听到噩耗，一路南行奔丧，泪水洒在南方的竹林中，竹竿生出许多斑痕，犹如泪痕，从此就留下了"湘妃竹"这一特别的品种。据说在渡过湘水时，两人失足落水，或者故意跳水殉夫，总之，此后她们做了湘水的女神。

●湘君湘夫人图（局部）·明·文徵明
相传娥皇即湘君，女英即湘夫人。图中人物着唐装，高髻长裙，形象纤秀，有飘飘御风之态。

大禹治水

19

❖ 时间：传说时代

司马迁的《史记》上说，帝尧在位的时候，洪水泛滥，因此"四岳"向帝尧推荐鲧负责治水工程。鲧因为不善于采纳旁人的意见，花了九年时间仍没能消除水患。摄政的帝舜因此将鲧车裂于羽山，启用鲧的儿子禹继续其父未竟的事业。在这个故事里，鲧是一个可耻的失败者，甚至是个无能者，但在另外一种说法中，他却是一位伟大的悲剧英雄。

鲧和息壤

传说鲧是黄帝的后裔，或者是颛顼的儿子，黄帝和颛顼都曾担任过中央天帝，因此鲧也是具备了神性的。甚至有传说他本人就是居住在上界的神仙，而并非凡间帝尧的臣子。看到下界滔滔不绝的洪水，人民都生活在水深火热之中，引发了大神鲧的恻隐之心。可是，该怎样解决水患问题呢？鲧反复思量，不得良策。

屈原在《天问》中写道："鸱龟曳衔，鲧何听焉？"鸱就是猫头鹰。这句诗是说，鲧下界治水的行动，是受到一只猫头鹰和一只乌龟的怂恿。一位大神竟然会听鸟兽的话，说明这两个动物并非凡物，大概是上界的异禽神兽吧。总之，它们向鲧建议说，只要得到了"息壤"，就能够解除人类的灾祸。

所谓"息壤"，是一种奇特的泥土，据说它遇到水就会自我生长，水涌得越高，息壤也长得越高。这种宝物，用来填堵泛滥的洪水是再合适不过的了，于是鲧就取了息壤，飞往下界，帮助人类治水。

●河南禹王台

靠着鲧的神力和辛勤劳动，靠着息壤的奇特属性，据说洪水逐渐退去，土地重新显露出来，眼看肆虐的水患就要终结了。正当人们欢欣鼓舞，重见曙光的时候，发觉此事的天帝却勃然震怒，竟然不顾骨肉之情，派火神祝融下凡来逮捕并且杀死了鲧。

天帝为什么会感到愤怒呢？或许那洪水本就是上帝的杰作，他是为了惩罚人类才降下水灾的吧，又或许因为息壤是上界的宝物，鲧是在未得到他允许的情况下将其偷了下凡的吧。神话中并没有说明天帝发怒的原因，而可敬的鲧就像希腊神话中偷取天火的大英雄普罗米修斯一般，惨遭神界的处刑。

从父亲腹中诞生的大禹

火神祝融捉到了鲧，按照天帝的命令，将他杀死在北方的羽山。鲧是为了拯救下界生灵才含冤被杀的，传说他的灵魂始终不灭，因此尸体三年都没有腐烂。天帝听说此事，感到有些后怕，生怕鲧的尸体变成什么精怪想要报仇，于是就派了一名天神，手持名叫"吴刀"的神刀，去剖开鲧的肚子，毁坏他的尸体。

● 治水石刻画

大禹治水成功后，人们"降丘宅土"，开始农业生产。图为开封禹王台石刻画治水庆功图的局部。

一刀斩下，更为离奇的事情发生了，从鲧被剖开的肚子里竟然蹿出一条龙来，直飞云天。这条龙就是鲧用自己的精血，经过三年孕育而成的新生命，也就是他的儿子禹。禹出世以后，鲧的残骸化作了一头黄熊（一说是黄龙，或者三足的神龟），跳入羽山下面的深渊，从此不见了。

经过这一番变故，或许天帝有所悔悟，或许他更加感到害怕，总之，他没有再难为鲧的儿子禹。不仅如此，天帝还派禹下凡去治理重新泛滥起来的大洪水。禹虽然继承了父亲的遗志，但他手上却没有息壤可用，于是经过实地勘察，他决定改变堵塞的方法，采用疏导之法，把洪水都泻到大海里面去。反正大海是永远不会满溢的，把洪水导去海中，陆地上的人们不就能够重得安宁了吗？

● 陶鹰尊

会稽山会合群神

这时候，已经是帝舜摄政之时了。水神共工正在那里疯狂地驱使着洪水，淹没农田房屋，玩得正起劲，突然听说天帝派禹下界来治水，心中非常不高兴。于是他掀起前所未有的滔天巨浪，洪水更加肆虐，据说一直淹到山东半岛的空桑，整个中国很难再找到一片干的土地了。

禹知道不打败共工，自己是无法安心治水的，于是就以天帝使者的身份，在会稽山大会四方神灵，准备与共工一战。为了立威，据说他还把迟到的防风氏给杀掉了。这个防风氏，不知道是哪里来的巨人，传说后来吴越交战，吴军在会稽山下挖到一块巨大的骨头，要用一辆马车才能装下，于是去请教博学的孔子，孔子说："这是被大禹所杀的防风氏的骨头呀。"

禹会合群神，终于打败了共工，然后他就让黄龙前导挖渠，玄龟背着泥土在后跟随，到各方去平定水患。

治水途中的坎坷

禹在治水的过程中，得到过各方神灵的协助。一次，他走到黄河边上，突然水里跳出一个神人来，白色的脸，鱼的身体，送给他一张"河图"，上面详细画明了黄河流域的水流走势。这位神人，就是黄河之神河伯。还有一次，禹为了泄洪而凿通龙门山，偶尔发现一个山洞，黑漆漆的深不可测。禹点燃火把，一个人走进去，没多远，就看到一头好像野猪一般的神兽，口衔夜明珠，还有一条青色的狗不停地吠叫，引导他来到洞穴的深处。奇怪的是，黑黝黝的洞穴到了这里突然变得明亮起来，野猪和狗也全都摇身一变，化做了身穿黑衣的人形。两个黑衣人引导禹会见了一位大神，这位大神蛇身人脸，把一枚长一尺二寸的玉简传授给禹，要他用此神简测量天地、平定水患。这位大神，就是伏羲。

禹在治水过程中也遭遇过阻挠。传说他三次来到桐柏山，山上都刮起狂风，飞沙走石，使治水工程无法顺利开展。禹非常愤怒，就派部下捉来桐柏山的山神询问，山神告诉他说，这是附近的水神无支祈在捣乱。这个无支祈，长得像猿猴一般，塌鼻梁、高额头、白色的脑袋、青色的身体、金色的眼睛，脖子有一百尺长，他力大无穷，而且行动敏捷，谁都捉不住他。禹先后派了好几名部下，最后终于捉到无支祈，用绳索拴着他的脖子，鼻子穿上金铃，押送并囚禁在龟山脚下。从此以后，淮河水流顺畅，再也不闹灾了。

启的诞生

禹治水走到涂山（约在今浙江绍兴附近），看到一条九尾白狐从面前跑过。按照当地的传说，见到九尾白狐乃是婚姻的吉兆，于是禹就在涂山娶了一个名叫女娇的姑娘。此后，女娇经常跟随在禹的身边，为他缝衣、做饭，一起踏遍了各地的名山大川。

一次，禹治水来到了轘辕山（今河南偃师附近），此处山势陡峭、岩石坚硬，想要开凿出一道泄洪的水渠来，实在不容易的。于是禹对妻子说："工地上很危险，你平常不要来，我在这里立一面皮鼓，饿了就敲响它。你听到鼓声，给我送饭来也就是了。"

妻子一走，禹就显出了他的神通，化为一只大熊，用锋利的爪子挖扒岩石。一不小心，石头的碎块滚下来，敲中了皮鼓，女娇闻声来到工地上送饭，不见丈夫，只见一头大熊，不禁吓得掉头就跑。妻子在前面跑，禹在后面追，一直追到嵩山脚下。女娇走投无路，竟然化成了一块石头。这个时候，女娇已经有了身孕，禹就抚石痛哭，并且高叫说："把我的儿子还回来吧！"说也奇怪，石头的北面应声而裂，掉出一个小婴儿来。这孩子就是禹的儿子，起名为启，也就是开启的意思。

经过多年的艰苦努力，禹终于治理好了洪水。禹因为对人类作出过巨大的贡献，后世习惯上尊称他为"大禹"。

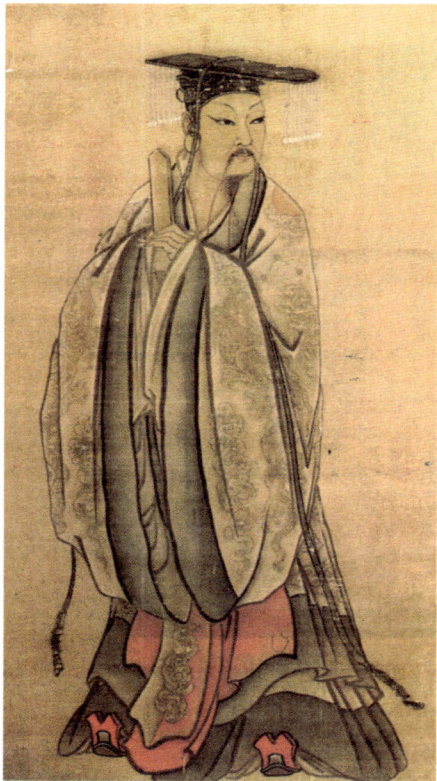

● 夏禹王图·南宋·马麟
生活于公元前2000年左右的大禹的相貌已无从考证。因为大禹治水，救民于水火，可谓大智大贤，因此马麟把他画成一位端方慈祥的长者。

九鼎的传说

❖ 时间：传说时代

周朝的时候，代表国家最高权力的祭祀用品是九口宝鼎。楚庄王曾经进军到周都洛邑的郊外，向周定王的使者王孙满询问九鼎的轻重，其真实意图，就是觊觎周王的天子之位。"问鼎"一词，遂由此而来的。这九口宝鼎，相传是大禹命人铸造的。

● 大禹陵

大禹陵位于浙江绍兴城东南会稽山麓，是中国古代治水英雄大禹的葬地。

大禹治水是非常艰辛的，虽然传说中他有黄龙、玄龟等神兽跟随，自己也能化身为大熊凿山，此外还有很多天神地祇相助，但民间总说他因为治水，屡次经过家门而不入，常年在外，皮肤被晒得很黑，手上生满了老茧，甚至连小腿上的毛都被磨光了。大家都赞叹说："如果没有大禹，我们全都要变成鱼虾了啊！"

🍃 大禹的权力

洪水退去，人民全都感激和拥戴大禹，帝舜也顺应民意，把天下共主之位让给了他。传说帝舜退位前赐给大禹一块"玄珪"。玄指黑色，珪是一种上尖下圆的玉石，是古代祭天的礼器。不过也有一种说法，说"玄珪"是大禹治水来到西方洮水的时候，出现一位神人代上帝传授给他的。考虑到帝舜也可能就是上帝本身，这种说法倒也讲得通。

帝舜的权力明显比帝尧要大得多了。帝尧似乎只是高坐在上，管管官员安排和祭祀而已，帝舜则在他摄政的时候，就因治水不力之罪，会合诸侯，在羽山杀死了重臣鲧。帝尧的时代，其子丹朱曾联合西南很多民族反叛，这些民族，据说就是"三苗"。帝尧挥兵讨伐，将三苗打败，把儿子杀死。到了帝舜的时代，三苗又蠢蠢欲动。摄政的大禹请求派兵讨伐，被帝舜拒绝了，据说帝舜想要靠德化来感服三苗。

大禹继位以后，改变帝舜的和平策略，聚合诸侯讨伐三苗，把三苗从长江流域继续向南方驱赶。因为东方的九夷部族不肯协同出兵，大禹回过头来又讨伐九夷。这种强权政治，说明大禹的权力基础比帝舜更为稳固，权柄也更重。

关于会稽山之会杀死防风氏的故事，还有一种说法，说那是发生在大禹继位后的事情。他在击败九夷后，就在九夷故土，也即东南部地方数次大会诸侯，会稽山之会杀死了迟到的部族首领防风氏。此外，大禹还曾划定九州，在荆山铸成了九鼎。

荆山铸九鼎

此时大禹控制的区域已经极为广大，北到今天内蒙古境内，西达陕西中部，东到大海，南抵长江南岸。为了有效地进行统治，他把天下划分成冀、青、豫、扬、徐、梁、雍、兖、荆九个行政区域，称为"州"——称中华为"九州"，就是由此得名的。

在治水的过程中，大禹踏遍了大江南北的每个角落，对于各地的猛兽、邪神、厉鬼，了解得都非常清楚，所以他就命令九州的官员都搜集和进献铜铁，然后在黄帝曾经铸过宝鼎的荆山脚下，又铸造了九口巨大的鼎，这就是后世所说的"九鼎"。

传说九鼎上刻满了图案和花纹，各地的妖魔鬼怪都开列在上面，以便出行的百姓有所警惕。这九口巨鼎，一鼎对应一个州，想去哪一州旅行，又怕碰到怪物，只要预先记熟了相应巨鼎上的图案，就可以趋吉避凶，通行无阻了。

九鼎从夏代传到商代，又从商代传到周代，它逐渐失去了旅行指南的功效，而纯粹变成了天子祭祀上天的礼器，变成了国家权力走向集中的一个象征。

历史词典

《禹贡》

《禹贡》是中国已知最早的一部地理学著作，大约成书于战国时期。禹是指大禹，贡是由下向上贡献方物之称。《禹贡》记录了九州的划分，山川方位的走向，物产贡赋交通等情况。九州是冀州、兖州、青州、徐州、扬州、荆州、豫州、梁州、雍州。全篇内容大致分为4个部分。一是对九州中各个州的四至、水土治理、物产、交通、贡赋等级等情况作了介绍；二是把中国的山脉依照由北向南的次序，划分为4条东西走向的山列，反映了中国地势西部多山、东部多平原、西高东低的地形特点；三是导水，对9条大河的水源、流向、支流、河口等情况作了如实的描述，开古代水文地质的先河；四是介绍了五服制度和对大禹功绩的颂扬。

㉑ 禅让和篡权

❖ 时间：传说时代

按照传统的说法，帝尧放弃了自己不肖的儿子丹朱，把天子之位让给贤德的帝舜，而帝舜也放弃了自己无能的儿子商均，把天子之位让给功盖天地的大禹。这种传位以德不以亲的做法，称作"禅让"。这种说法究竟有多少真实性存在呢？

考古发掘表明，尧、舜、禹的时代很可能贫富分化已非常严重，已经迈入了阶级社会，而就算仍处于原始社会，连猴群产生猴王都难免经过一番争斗，禅让的传说实在太温文尔雅，太过理想化了。对此，历代也存在着截然不同的另外一些传说。

许由和巢父

主张禅让说的，主要是后世的儒家。根据这种说法，帝尧很早以前就在寻找合适的继承人，他听说有个名叫许由的人品德高尚，就想把王位传给许由。然而许由不愿意接受，连夜跑到箕山脚下的颍水去隐居。帝尧追到颍水，说：

● **帝舜画像**

舜历来与尧并称，是中国传说中父系氏族社会后期部落联盟的领袖。

"好吧，既然您暂时不愿意接受王位，那就先来当我的辅佐官吧。"清高的许由听了更是厌恶，冲出屋子，到颍水边捧水来洗耳朵，以表示不愿再听。

许由有个朋友名叫巢父，正好牵着一头小牛来岸边喝水。得知许由洗耳的原因后，他不屑地说道："你如果一直隐居在深山密林之中，谁又会想到把治理天下的重担往你肩上放呢？你自己沽名钓誉，现在惹祸上身，又跑来洗耳朵，把水弄脏，使我的小牛也遭到污染！"说罢，牵着小牛到上游去喝水了。

后人对此事评价说，当时的所谓天子，并不是真正钟鸣鼎食的君王，他们不过是原始社会的部族联盟长而已。毫无特权的帝尧生活极其清苦，所以一般人不愿意接受这种吃力不讨好的职位，只有帝舜这种大贤，才肯接受禅让。然而，《韩非子》等书中，对此却有截然不同的说法和判断。

尧舜禹禅让之谜

《韩非子·外储说右上》中提到，帝尧想把君主之位让给帝舜，重臣鲧和共工反对说："怎么能把天下传给一介平民？"帝尧不但不听从他们的意见，还发兵将鲧杀死在羽山，把共工流放到幽州之都。《韩非子·忠孝》中又说，舜因为父母和弟弟象不肯悔改，最终流放了父母，杀死了象。《竹书纪年》中说，因为帝尧年老德衰，舜就将他囚禁在平阳，还派人拦阻其子丹朱，不使父子相见，最终篡夺了帝尧的君主之位。

如果按照这种说法，尧舜之间的继承关系就不是禅让，而是篡位。类似的说法也对应在帝舜和大禹身上。传统说法认为，帝舜因为儿子商均不贤，就向上天推荐大禹作为他的继承人。十七年后，他巡游到南方的苍梧之野时突然去世，安葬在九嶷山上。大禹坚持守丧三年，然后想请商均继位，但遭到诸侯和百姓们的一致反对，这才勉强做了君主。但还有相反的说法，说帝舜并非巡游南方，而是被大禹流放到那里去的，大禹还趁机篡夺了他的君主宝座。

至于启开创夏朝，也和前述的情况类似，只不过他是儿子继承君位的胜利者，最终通过甘之战打败伯益而登上宝座。

华夏族的诞生

总之，根据考古发现，在夏朝以前贫富分化就已经很严重了，很可能已经迈入了阶级社会。那么尧、舜、禹三代君位相传，与其说是不切实际的禅让，不如说是摄政官和君主儿子之间的权力斗争。这只是从所谓"公天下"向"家天下"的转化，是从军事民主制向奴隶制国家的转化，从公有制的原始社会向奴隶制社会的转化。

即便在传说中，帝舜和大禹经常会聚诸侯，发动战争，甚至斩杀不肯从命的重臣，其权威之重，权力之大，权限之广，也并非原始社会的部族联盟长所能够拥有的。而从夏启开创了第一个奴隶制王朝后，中原地区的人们就从此自称为"夏"，或者"诸夏"、"华夏"（"华"有繁华、华美的意思）——华夏族就此诞生了，中国历史也从传说时代迈入了文明时代。

㉒ 古代巴国的传说

❖ 时间：传说时代

长久以来，学者们在研究古代文化的时候，往往过于看重中原地区的华夏文明，而忽视了周边地区的很多远古文明。随着考古发掘的深入，这些与华夏文明相互包容、渗透，而又保留着独特风格的古文明，才逐一揭开神秘的面纱。西南地区的古代巴、蜀文明是其中最典型的代表。

《山海经》中记载：西南地区存在着一个古老的巴国，据说巴国的国民乃是太皞的后裔。商代甲骨和周代竹简中也多次提到巴人，他们所生活的区域大致在秦岭大巴山南麓，东至三峡地区，西至嘉陵江流域，今天的重庆很可能是其统治中心。公元前316年（秦惠文王更元九年），秦将司马错灭亡了川西的蜀国后挥师东进，历史悠久的古代巴国就此灭亡了。

赤穴首领务相

巴国开国的君主，据说名叫务相，务相的祖先名为巫诞。这个巫诞，从名字分析，应该是古代一位著名的巫师。

传说巴人最早分为五大姓，即五个部族，称巴氏、樊氏、曋氏、相氏和郑氏。其中巴氏居住的地方称为"赤

● 玉雕虎头像·石家河文化

石家河文化代表了长江中游地区史前文化发展的最高水平。它因湖北天门石家河遗址群而得名，主要分布在湖北、豫西南和湘北一带。

穴"，其他四个部族居住的地方称为"黑穴"。

随着社会的发展，巴人五姓逐渐产生了统一的要求，于是五姓的首领或者是大巫师，就相约推举一位总首领。他们找到一块大石头，商量说各自把所佩的剑向石头上抛掷，谁的剑能够插入石中，那就是天命让他当王。结果黑穴四姓的首领都失败了，只有赤穴巴姓的首领务相所抛出的佩剑稳稳地插入石中。

黑穴四姓不肯遵从前约，要求再比一次。这次是五位首领同时乘坐着泥土塑造的、雕刻着花纹的船，一起推入水中，约定谁的土船不沉，谁就当王。结果还是只有务相的土船能够漂浮在水面

上。大家这才共尊务相为王，称为"廪君"。

盐水女神的挽留

廪君当上王以后，觉得钟离山地方偏狭，不便居住，就沿着夷水（今清江）西上，想要寻找一块更利于定居的沃土，把部族迁徙过去。传说廪君走到盐水边时，盐水女神迷恋上了他，对他说："这里地方宽广，鱼虾丰美，还盛产食盐，希望你能够留下来，和我一起生活。"

廪君拒绝了女神的好意，想要继续西行。女神不愿意廪君离开，晚上跑来和他同宿，白天化身为飞虫，召集群虫一起在廪君头顶飞舞，遮蔽日光，使他不能成行。就这样，一直过了七天七夜，廪君只要一想动身，天上就是黑压压的一大片，完全分不清东西南北。

廪君心生一计，派人把一缕青色的丝线送给女神，并对她说："这缕丝线的颜色和你很相配，你最好把它系在脖子上，以代表我们君王将和你同生共死。"女神以为廪君回心转意了，非常高兴，就把青丝系在了颈下。可是这样一来，当她再度变作飞虫的时候，廪君一眼就把她和群虫区分开来了，于是张弓搭箭射去。盐水女神中箭而死，群虫飞散，天光大开，廪君这才得以整装西行。

巴国的建立

传说廪君离开了盐水，乘坐着那条雕刻花纹的土船一直来到夷城（很可能在今天重庆市附近）。夷城这个地方，水流曲折，两岸岩石犬牙交错。廪君长叹说："我才从洞穴里出来，难道又要回归洞穴吗？"

大概夷城的神灵也想要留住廪君，廪君话音才落，岩石突然崩塌，露出一条三丈宽的大道来。道路上还有层层阶梯，从水面一直通往远方。于是廪君弃舟登岸，他发现这一片土地宽广而肥沃，是定居的好地方。

巴人从此从湖北中部迁到了四川境内，廪君在他坐过的大石头旁边建立了一座城市，古代巴国就这样建立了，廪君就是巴国的第一任君王。

● **玉雕神灵头像·石家河文化**

石家河文化出土的玉雕神灵头像，均为男子形象。他们既是神，也是当时掌握各种权力尤其是神权的巫师和首领的形象。

23 古代蜀国的传说

❖ 时间：传说时代

炎黄两个部落合并发展为华夏族，华夏先民主要居住在黄河流域，而当时中国的其他地区，还生活着很多不同的古部族，一代一代逐渐融入华夏民族中去。"三星堆"遗址的发现，使得今人对曾经居住在四川盆地及其周边的古老"蜀"族，有了更为清晰的认识。

传说蜀人的祖先原本是生活在黄河中上游的古代羌族的一支，他们沿岷江流域南迁进入四川盆地，并在成都平原建立了自己的国家，也就是传说中的古蜀国。古蜀国后来被秦国所灭亡。

古蜀国的渊源

相传，古蜀国的第一代王是蚕丛。他最早居住在岷江上游地区，后来带领部族沿岷江南下，进入了成都平原，与当地的土著居民相融合，建立了古蜀国。蚕丛的最大功绩就是教百姓种桑养蚕，因此百姓才尊称他为"蚕丛王"。第二代蜀王名叫"柏灌"，柏灌是一种鸟的名字。第三代蜀王名叫"鱼凫"，鱼凫是一种水鸟的名字。第四代蜀王名叫"杜宇"，杜宇就是杜鹃鸟。三代蜀王都以鸟为名，或许古蜀文化崇拜鸟类，习惯用鸟类来作为本族的图腾。

诗人李白《蜀道难》一诗中说："蚕丛及鱼凫，开国何茫然。"这或许说明经过三代蜀王的治理，到了杜宇时代，古蜀国已经达到繁盛的顶点。有关杜宇的传说，非常凄美，令人感叹落泪。

杜宇与鳖灵

杜宇在当上蜀王以后，改名蒲卑，号"望帝"，其时代大概相当于战国中期。望帝最大的功绩就是大力发展农业生产。有一年，蜀地遭遇百年难遇的特大洪水，望帝率领百姓避居到长平山上，想不出解决的办法来。就在这个时候，突然来了一个楚国人，名叫鳖灵，声称他有治水的良策。

这个楚国人很有一些灵异，据说他死在楚地，尸体逆着江水一直漂到蜀中。蜀人把尸体打捞起来，他就突然恢复了呼吸。因为这种灵异，望帝相信了鳖灵的话，把治水重任交付给他。鳖灵也果然不负厚望，率领百姓凿通巫山，使被阻塞的江水通过巫峡向东流去，最终汇入大海。就这样，水灾平息了，望帝大感欣慰，就任命鳖灵做他的辅佐官，几年后，便把王位让给了他。鳖灵称"开明王"。

望帝离开蜀国的国都，去往西山隐居，死后化为杜鹃鸟，每到春天就会不停地鸣叫，提醒农民应该去播种了。所以蜀地也称杜鹃鸟为"杜宇鸟"，或者"子规鸟"，"子规"是模仿着这种鸟的叫声。

● 三星堆出土的金面罩人头铜像

望帝春心托杜鹃

唐代诗人李商隐作《锦瑟》诗，说："庄生晓梦迷蝴蝶，望帝春心托杜鹃。"古籍上也记载，每当杜鹃鸟啼鸣，声音凄厉，人们都会感伤地落下泪来。如果仅仅是死后化鸟，为什么叫声会这样哀伤呢？《华阳国志》等书中就说，因为望帝私通臣子之妻，所以羞惭退位，并且忧愤化鸟。

民间还有一种传说，岷江上游有条恶龙，经常引发洪水。恶龙的妹妹不齿兄长所为，劝说不听，反而被囚禁在五虎山铁笼中。有一个名叫杜宇的猎人，遇见仙人授以一支竹杖，他就用竹杖打败了恶龙，救出龙妹。龙妹帮助杜宇治理水患，两人遂结为夫妻，杜宇也因此被人民拥戴为王。

杜宇有个昔日的猎人朋友，后来当了他的臣子。这个人心术很坏，他和恶龙合谋，诱骗杜宇进山，将其囚禁起来，霸占了王位，还想霸占龙妹。杜宇最终死在山中，灵魂不灭，化作杜鹃鸟，飞到宫中围着龙妹飞舞啼鸣。龙妹因此悲伤而死，灵魂也化鸟跟随丈夫而去。

这个传说，或许很好地解释了杜鹃鸟鸣声凄厉的缘故。

原始绘画

远古到夏、商、西周三代，是中华民族艺术起源、发展和形成的初创时期。旧石器时代晚期，内蒙古阿拉善右旗德柱山就出现了鸵鸟岩画，这是迄今为止在中国境内发现的最早的原始绘画。新石器时代，原始艺术从石器转移到了陶器上。陶画与几何花纹、动植物花纹，真实地反映出原始先民的劳动生活和生殖崇拜。

● 岩画

岩画是在岩石上雕刻和绘制的图画。其创作时间最早约为旧石器时代晚期，至迟不超过新石器时代早期。中国境内岩画分布很广，比较著名的有阴山岩画、云南边境的沧源岩画、广西的花山岩画、江苏连云港的将军崖岩画、新疆的呼图壁岩画、青海的刚察岩画以及甘肃嘉峪关附近的黑山岩画。中国的岩画按其表现的内容可分为南北两个系统：北方地区的岩画多表现各种动物、人物、狩猎及各种符号，反映原始的游牧生活；南方地区的岩画除表现各种动物、狩猎场面外，还有采集、房屋或村落、宗教仪式等内容，反映了南方原始农业社会的生活状况。这些岩画从总体上反映了远古时代的社会经济、生产状况和人群组织形式，成为研究原始社会的重要资料，也为探索原始人的精神世界提供了实物依据。岩画达到史前艺术第一次繁荣时期的顶峰，包含着人类初期

◀猛虎捕食图

◎新石器时代，黑山岩画，纵25厘米，横22厘米，甘肃嘉峪关市西北黑山四道鼓心沟。

▶**舞蹈、放牧、战争图**

◎此图发现于云南沧源地区的崖壁上，上段是盾牌舞，中段是放牧图，下段是战争格斗场面。从总体上看，岩画构图疏密相间，舞蹈场面错落有致，战斗场景紧张激烈，放牧形态前后呼应，气氛把握得很好，反映了先民们的生活实景与高超的艺术水平。

的各种审美意识和观念，为史前艺术向第二次繁荣过渡准备了基础条件。应该说，这些岩画不是先民的随意之作，在当时的技术水平下，刻出这些岩画是一项费时费力的工作，因此它们必定有特殊的用途。这些人面像，凿刻的技术都相当熟练，加上长年累月的风化雨蚀，更显出一种古朴的金石味。这是人工与天工的巧妙结合。这些岩画反映了原始时代人们的思想、情感、愿望和信仰。

▶**人面纹**

◎新石器时代，阴山岩画，纵60厘米，横50厘米，内蒙古磴口县默勒赫图沟。

彩陶画

制陶工艺是新石器时代最突出最丰富的美术创造。陶器的原料是较细腻而有粘性的黄土。因陶器的不同用途而对原料进行不同的加工处理（如淘洗或羼料）。彩绘纹饰的颜料系天然的赭石、红土或锰土，有的器皿在彩绘之前还加施一层红色或白色的"陶衣"作衬底，最后入窑经1000℃左右的高温烧成。由于窑室封闭不够严密，陶土中的氧化铁得以充分氧化，故烧成后的陶器是橙黄、红或红褐色，纹饰呈黝黑或殷红色。重要的有仰韶文化的红陶和彩陶，马家窑文化的彩陶，大汶口文化、龙山文化的黑陶，青莲冈文化的红陶和彩陶，长江流域及以南以至台湾地区的几何印纹陶。其中最有代表性的是仰韶文化、马家窑文化的彩陶和龙山文化的黑陶。

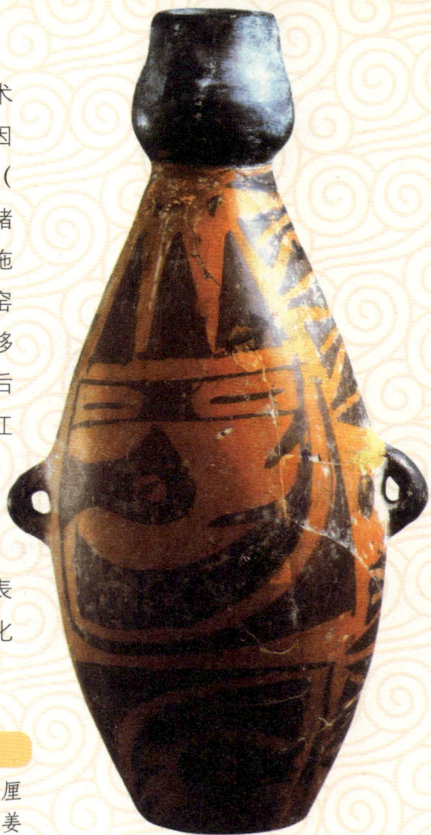

▶**彩陶鸟鱼纹葫芦瓶**

◎新石器时代，高29厘米，口径3.5厘米，底径6.5厘米，1976年陕西临潼姜寨出土，陕西西安半坡博物馆藏。

◀**彩陶舞蹈纹盆**

◎新石器时代，陶质彩绘器，高14.1厘米，口径29厘米，1973年青海大通上孙家寨出土，中国历史博物馆藏。

◀彩陶人面鱼纹盆

◎新石器时代，仰韶文化半坡类型，高16.5厘米，口径39.5厘米，1955年陕西省西安市半坡遗址出土，中国历史博物馆藏。

▶黑陶猪纹钵

◎新石器时代，高11.7厘米，口径21.7厘米～17.5厘米，浙江余姚河姆渡遗址第四文化层出土。

▶彩陶花瓣纹盆

◎新石器时代，仰韶文化，彩陶纹饰，高20厘米，口径33.3厘米，河南陕县庙底沟出土。

中国社会科学院考古研究所 · 殷玮璋教授

公元前2070年～公元前1600年

由夏启开创的父死子继的世袭制王朝，历史上称为夏朝。这是中国历史上第一个王朝。不过，从司马迁开始，史学家们大多将夏朝的开始从夏禹算起，自禹至履癸（桀），共十四世、十七王，前后经过了四百余年。

夏朝的建立，标志着漫长的原始社会被私有制社会所替代，这是一个历史的进步。但是，一种新制度的建立，必然会遭到保守势力的反对。夏启即位后，在钧台大宴各地首领，以期对他的地位予以确认。有扈氏对启破坏禅让制度的做法十分不满，拒不出席钧台之享。夏启发兵对有扈氏进行征伐，大战于甘，有扈氏战败被灭。这次战争的胜利，使新生的政权得到初步巩固。

一种新制度的建立有一个逐步完善的过程；一个新政权的产生，也面临缺乏统治经验的问题。建立在私有制基础上的政权，即使是在起进步作用的上升阶段，也改变不了统治者剥削、掠夺和贪图享乐的本性，统治集团内部围绕权和利的争夺不可避免。因此，夏启死后，出现了五子争权斗争。太康即位后，政事不修，沉湎于酒色之中，有穷氏的首领后羿乘机夺取了政权。直至后羿被他的大臣寒浞所杀，相之子少康逃到有虞氏，得到有虞氏的帮助，组织夏的旧部，积蓄力量，乘寒浞内部混乱之时，出兵打败了寒浞父子的力量，夺回了政权，才恢复了夏王朝的统治。这就是夏代历史上出现的"太康失国"、"后羿代夏"和"少康中兴"的事件。

夏代末年，夏王室内政不修，外患不断，阶级矛盾日趋尖锐。夏桀即位后不思改革，骄奢淫逸，筑倾宫、饰瑶台，挥霍无度。他日夜与妹喜饮酒作乐，置百姓的困苦于不顾，百姓指着太阳咒骂夏桀。大臣忠谏，他囚而杀之。四方诸侯也纷纷背叛，夏桀陷入内外交困的孤立境地。商汤看到伐桀的时机已经成熟，乃以"天命"

为号召，说"有夏多罪，天命殛之"，要求大家奋力进攻，以执行上天的意志。鸣条之战，商汤的军队战胜夏桀的军队，桀出逃后死于南巢，夏王朝从此灭亡。一个强大的国家经历了四百余年历史，却被一个小国所灭，不能不引起人们的震惊与思考，所以后来出现了"殷鉴不远，在夏后之世"的告诫。

　　由于流传至今有关夏朝的史料十分匮乏，所以历史上是否有夏朝存在，曾被许多人怀疑。但是《史记·夏本纪》中记载的夏代世系与该书《殷本纪》中记的商代世系一样明确，商代世系在安阳殷墟出土的甲骨卜辞中得到证实，因此《史记·夏本纪》中所记的夏代世系被多数学者认为是可信的。这样，在考古学家对安阳殷墟、郑州商城等商代的物质文化遗存有了进一步认识的基础上，提出了夏文化探索的研究课题，希望用考古手段去找到夏代的物质文化遗存，进而恢复夏代历史。

　　古史学家依据文献资料，提出有两个地区可能是夏人的活动地区：一个是河南西部嵩山附近的登封、禹县和洛阳平原；一个是山西南部的汾水下游地区。因为传说中夏代的都邑和一些重要的历史事件，大多同这两个地区有关。1959年开始"夏墟"调查，拉开了夏文化探索的序幕。四十年来在豫西、晋南开展了一系列考古调查和发掘工作，使夏文化探索的目标逐渐缩小。目前，多数学者认为：以偃师二里头遗址命名的"二里头文化"（包括二里头类型和东下冯类型）和豫西地区的"龙山文化"是探索夏文化的主要对象，并对夏文化问题发表了各种看法。惟因缺乏文字等直接证据，目前学术界对哪种遗存是夏代文化还没有形成共识。但是无论是豫西地区的"龙山文化"还是"二里头文化"，均已积累了相当丰富的资料，它为最终解决这个问题创造了很好的条件。

夏的建立

❈ 时间：夏初

启取代伯益继位，后又传位于儿子太康，是中国历史上的一个重大变革。禅让制从此被"家天下"的世袭制取代，中国历史上的第一个王朝——夏，就这样建立了。

❧ 为儿子铺平道路

昔日尧、舜的时候，实力不如现在强盛，财富也不如现在多，做君王实际是件苦差事，禅让王位没有什么为难。可是经过禹大刀阔斧的治理与征伐，诸侯的贡品越来越多，君王的权力也越来越大，这个王位比从前尧、舜的时代要诱人得多了。禹已经不甘心将它拱手送给别的家族了。这个时候，启已经长大成人，而且聪明伶俐。禹越发觉得不该把自己打出的天下禅让出去。打破禅让制、让儿子继承王位的念头，就这样在禹的脑海中渐渐形成了。

禹表面不动声色，积极物色新的继承人。起先，他选中了以公正无私闻名的法官皋陶，可是皋陶身体不好，早早就去世了。接着禹又选中了皋陶的儿子伯益。

禹一方面让伯益辅助自己，一方面却把大部分精力都放在对启的培养上。他让启学习治国的方略，与各路诸侯接

触，又将所有管事的官员都换成了启的亲信。经过几年的精心布置，启的势力渐渐超过了伯益。

❧ 启夺天下

禹去世后，伯益以继承人的身份为禹守了三年丧。按照尧、舜时的惯例，继承人守丧三年期满后，再隐居一段时间以表示谦逊，就可以继承王位。伯益于是在守丧期满后便避居起来，准备过一段日子后即位。谁想到没几天就有消息传来，诸侯们早就撇开他，纷纷去朝见启了。

伯益万万没有想到会发生这样的事，他只能眼睁睁地看着本该属于自己的王位就这么被启夺走了。想要抗争一下，却发现自己的力量根本不足以和启对抗。这个时候，诸侯们还纷纷说，启是个贤能而英明的人，伯益虽然辅佐过禹，但是时间很短，而且表现出的才能也远不及启，天下应该归有能力的人掌管，应该由启来继承王位。

攻灭有扈氏

伯益是个识时务的人，便主动站出来，向天下人宣告：自己的能力比不上启，愿意将王位让给启，请启继位为王。

启对于王位本就是势在必得的，他本来的打算是假如伯益不服，就动用暴力除掉他。现在见伯益主动让位，他自然也十分高兴，假装谦让了一下，就风风光光地即位了。而伯益则心灰意冷地到箕山脚下隐居去了。

不过，启虽然顺利地得到了王位，要坐稳它却也并非一帆风顺。他和父亲禹虽然拉拢了不少诸侯，但仍有人对于他得到王位的方式很不满，其中闹得最凶的就是有扈氏部落。有扈氏认为启继承王位是玩弄权谋的结果，违反了禅让制，也违背了通行的道德标准，于是打出了反对启的旗帜。启率领军队前往讨伐有扈氏，在甘（今陕西户县南）地发生了一次大的战争。战前，启在誓师大会上指责有扈氏轻侮五行，怠慢遗弃天子任命的三卿，因此上天要断绝他的国命，而启则是奉行上天的命令对他加以惩罚。经过几番激烈的大战，启攻灭了有扈氏，地位得到了巩固。启的胜利反映了当时社会观念已经有了很大变化。

● 玉铲·夏

玉铲是礼器的一种，此铲从山东泰安出土。

钧台之享

平定叛乱之后，为了让天下人都看到有扈氏的下场，起到杀一儆百的作用，同时也为了进一步笼络诸侯、树立自己的威信，启便学父亲的样子，在钧台（今河南禹州）召开了一次规模空前的诸侯大会，这就是历史上著名的"钧台之享"。

通过平定有扈氏的叛乱和举行"钧台之享"，启进一步巩固了自己的统治地位。此后，他又采取了许多巩固统治的措施，如将天下分为九州，派遣官员去治理；建立了专门的国家军队，以维护统治；宣布取消禅让制，而以世袭制代替。这种种措施表明，中国历史上的第一个王朝——夏朝，诞生了。

25 后羿逐太康

❖ 时间：夏初

夏帝太康本与后羿交好，但小人作祟，且太康无道，于是后羿起兵放逐太康于洛水之北。

● 素角·夏

河南偃师二里头夏时期遗址出土。

夏启去世后，传位给儿子太康。太康继位后，将都城由阳翟（今河南禹州）迁往斟寻（今河南偃师二里头附近）。太康有个嗜好，就是打猎，常常数月离开都城去洛水北岸田猎游玩，不问政事。日子久了，弄得国家百事废弛，民怨沸腾。

当时夏的诸侯中，有穷国国君后羿很得太康的宠幸。当时启把天下分为九州，每个州设置一位首长管辖称为牧，共有"九牧"。太康就封后羿为冀州牧，给予他可以征伐有罪的方国的特权，并将今天河南濮阳西南之地给他作为封地。

🌀 后羿失宠

太康和后羿都好田猎，喜鬼神，两人经常混在一起。太康本来十分宠幸大臣武观，如今眼中却只有后羿一人了。武观十分嫉妒，暗暗怀恨在心。他本来就是奸谀小人，便日夜在太康身边闲言碎语，挑拨离间："后羿说自己不但武功第一，才能也是天下第一，可惜的是，不是天下第一人。"太康一听，不禁勃然大怒，召后羿进宫，说道："你是要做天子的人，怎能如此委屈，做我的臣子呢？"于是罢了后羿的官，将他赶回有穷国。为防后患，太康派武观半路劫杀后羿，然而后羿武功超人，在围攻之中杀出了一条血路，逃回了有穷国。

祸起红颜

相传后羿回到有穷国后，得到一个绝色女子，每日与她载歌载舞，好不逍遥快活，太康之辱早已抛到了九天之外。武观又向太康进谗言："后宫佳丽这么多，却没有一个能比得上后羿的妃子，我为陛下感到遗憾啊。"太康也早垂涎于后羿妃子的美貌，于是决定封给后羿幽州之地（今北京附近），来换取她。后羿本来十分舍不得她，但是想到美女易得，幽州难求，男子汉大丈夫成就事业不可贪恋美色，便答应了这个条件。这位妃子非常伤心，就偷吃了后羿的不死之药，谁知竟然飞到了天上。

太康得不到后羿的妃子，认为这是后羿耍的阴谋诡计，于是收回封幽州的成命。后羿没有得到幽州还失去美眷，十分懊恼，心生反意。

太康失国

一次，太康带领众人离开都城去洛水打猎，数月驰骋在洛水北边，猎物已经装不下的时候才返回都城。车队走到洛水岸边准备渡水时，洛水对岸传来摇旗呐喊声，原来后羿趁太康远出狩猎，率军攻占了夏王朝的都城。

此时，后羿的军队已经将河岸封锁，马上的后羿威风凛凛，对太康说："都城已经被我占领了，你还是另外找个地方居住吧。"太康知道自己大势已去，回不了都城，只好在洛水北岸过起了流亡生涯，漂泊到阳夏（今河南太康），年老体迈，就选择在阳夏筑室居住，终老于此，史称"太康失国"。

太康有五个弟弟一起出逃，他们悲愤不已，追述大禹之诚作《五子之歌》，以警示后人。

后羿占领都城后，向天下宣告太康荒淫，没有资格做天子。后羿于是扶持太康的弟弟仲康为王，这应该是中国历史上第一个傀儡政权，后羿挟天子以令诸侯，诸侯莫敢不从。不久，仲康忧郁而死，其子相立，是为帝相。诸侯朝拜时，都先拜后羿再拜帝相。后羿见时机成熟，便代夏自立。

●镂孔象牙梳·夏

山东泰安大汶口十号墓出土。

寒浞杀后羿

夏 26

❖ 时间：夏初

后羿代夏后，同样沉迷于打猎，将国事交于宠臣寒浞。寒浞乘机收买人心，与后羿的学生逢蒙合谋，乘后羿酒醉时杀了他，取而代之。

相传，寒浞为寒国的公子，出生时，寒国国君视其为不祥之人，把他抛弃于荒野，但数日不死，寒国族人偷偷将其抚养成人。后来被寒国国君发现，要杀他，寒浞在族人的帮助下投奔后羿。寒浞巧言令色，处处投后羿所好，帮助后羿成功代夏，深得后羿宠信，被立为宰相。

阳奉阴违

后羿代夏后，并没有心思打理朝政，终日想着游玩打猎射箭，于是把国家政事全部交给寒浞，自己则率兵四处寻找猎物来显示自己无双的箭法。

寒浞本就是个野心极大的人，巴不得后羿天天在外，于是派手下寻访奇禽异兽，今天告诉后羿西方林中有食人竖虎，明天禀告北方有御风怪兽能做恶风毁人民居，后天又说东海有河伯水怪。后羿东奔西走，乐此不疲。每次后羿大胜而归，寒浞都率官员出城远迎，恭敬地说："大王真是恩威四方呀！"大大

满足了后羿自认为天下第一之心。

后羿忙于四方游猎之时，寒浞也没有闲着。除了每日处理日常政事外，寒浞热衷于树立自己的威信，结交官员，收买人心，培养自己的势力。寒浞甚至私通后宫来广布眼线，后羿日日驰马射箭，不知已祸起萧墙。时间长了，百姓只知寒浞不知后羿。

勾结逢蒙

寒浞野心极大，一直垂涎后羿的王位。虽然羽翼丰满，但是后羿武功盖世，杀他绝非易事，如若不成则自己性命也不保。他把心思动到了后羿的学生逢蒙身上。

逢蒙跟随后羿学习射箭，箭术虽然也十分高超，却总输后羿一筹。每次游猎，所有的欢呼声都只为后羿响起，"天下第一"的名号他是得不到了。一想到此，逢（páng）蒙就心有不甘，寒浞早将这些能挑拨离间的事看到眼里。

一天，寒浞派人请逢蒙夜宴，酒

酣耳热之际，寒浞问逢蒙："您射箭百发百中，为什么每次随国君打猎总是闷闷而归呢？"逢蒙乘着几分醉意说道："我也不甘居人之下啊。"寒浞追问道："既然不愿在人下，为何不将其除掉呢？"逢蒙愕然。寒浞接着说："我有妙计可以除掉后羿，但是需要你配合……"其实逢蒙也早有此意，两人于是密谋杀掉后羿。

设计杀后羿

后羿数月游于东海，寒浞派人说国有要事，需要后羿亲自定夺。后羿很不高兴地率兵回还。逢蒙到都城门外设酒宴迎接后羿，后羿贪杯狂饮。夜色渐渐降临，后羿也醉意朦胧，突然有人从暗中射来一支箭，后羿躲闪不及，箭正好贯穿后羿的喉咙。后羿知道这么准的箭法除了自己只有逢蒙，悲愤高呼："逢蒙！逢蒙！"拔箭气绝而亡。

后羿死后，寒浞居然在城墙之上将后羿烹了，还召后羿的两个儿子来吃。后羿的两个儿子知道是逢蒙杀了父亲，拔刀要刺逢蒙，可惜不是逢蒙对手，两人也被杀了。寒浞向逢蒙举杯庆祝，逢蒙一饮而尽，寒浞笑道："味道怎么样？我特意为你准备的。"逢蒙未发一言，已中毒而死。原来寒浞早在酒里下毒，趁机害死了逢蒙。

于是寒浞向天下宣布：逢蒙谋反弑师，我已杀了他替后羿报仇。从此寒浞自立为帝，不仅霸占了后羿的国家，还霸占了他的妻子，又追杀逃亡的夏帝相。结果相被杀，他的妻子从墙洞逃回娘家，生下了遗腹子少康。

延伸阅读　铜石并用时代

铜石并用时代也叫"红铜时代"、"金石并用时代"，原为拉丁文"纯铜的"和希腊文"石的"的合体，意思是既使用铜器又使用石器的时代。因此，所谓铜石并用的时代，应是人们已经知道冶炼红铜，制作铜器，但还不知道冶炼其他金属，同时还在大量使用石器的时代。铜有良好的延展性、可塑性和回炉性，也就是说铜可以经过锤炼做出很细、很薄的器具，铜器用坏了还可以回炉重新锻打或铸造，做成新的器具。这些都是传统的石器所不可比拟的。但是铜器也有其自身的缺点：首先，铜的原料比较少，天然存在的铜则更少。当时对铜矿的认识还存在很大的困难，而且即使认识了和发现了也不易开采。因此当时还没有足够多的原料来生产出大批铜器。其次，铜石并用时代冶炼的多数是红铜，硬度较低，不宜制造大型的生产工具。所以当时铜器比较少且较为珍贵，现在我们所能看到的也仅仅是一些小型的器具如小刀、锥、凿、指环等。由此看来，当时无论在生产中还是在日常生活中，它都还没能取代石器而占据主导地位。

少康中兴

❀ 时间：夏初

太康失国，其孙少康发奋图强，得贤人相助，巧用计策，夺回天下。

寒浞夺取后羿的政权后，认为帝相的存在是个巨大的威胁，命人攻剿收留帝相的斟灌氏和斟寻氏，杀掉了相。相被杀之后，他的妻子后缗忍着悲痛从墙洞中爬出来，逃到了娘家有仍氏部落，次年生下相的遗腹子，取名少康。

❧ 年少流亡

少康自幼聪明伶俐，懂事后，母亲就告诉他祖上失国的惨痛经历，嘱咐他日后一定要报仇雪恨，复兴夏朝。少康知道后痛哭不已，自此发奋图强，立志杀死寒浞，夺回本该属于自己的天下。

少康15岁那年，寒浞听说了相有后人，就命自己的儿子浇向有仍氏索要少康和他的母亲。有仍氏惧怕寒浞，但又不愿交出少康，只好让他们母子从小路逃走。少康和母亲相互扶持，四处躲藏，找不到安身之所。一日来到虞国，虞国国君姚思为人贤良且睿智非凡，知道少康是相之子后，决定收留少康母子，并且让他担任虞国的庖正（掌管食物的官职），以掩饰他的身份。

时间一过就是5年，在这5年中，少康日夜不敢忘复国之志。姚思十分欣赏志向远大的少康，就将自己的两个女儿许配给少康，把纶邑给少康作为封地，同时赠予少康一些奴隶。在少康的治理下，纶邑百姓安居乐业，士兵勇敢善战。少康因此得到百姓的称颂。

❧ 五谒崇开

少康深知要想完成复国大业，必须得贤人相助。他听说山南有一位贤士，名叫崇开，是代国国君之后。代国被寒浞灭亡了，他才不得已避居于山野。少康连续四次拜见崇开，崇开都是一言不发。少康并不气馁，第五次敲开崇开的家门。这次，崇开终于开口了。他问少康："你想复国，执掌天下，为什么会来问一个山野之人呢？"

少康一听大惊，忙说："我只想拜师学习礼义罢了。"崇开笑道："你的命很宝贵啊，来拜师却隐瞒身份，不是明智之举啊。"少康听他道出了自己的心事，不由得热泪盈眶，跪下说："我不想连累您才不说实话，既然您都知道了，就请辅助我吧。"崇开笑着说："得人者方能得天下啊。"

于是少康亲自驾马车将崇开接到纶邑，并为崇开挑选夫人，安置家室。从此少康每日向崇开请教，学习天地古往之道，治乱兴亡之故，抚士安民之术。

离间计成就复国大业

数年过去，少康的势力已经不小了，但是要想和寒浞抗衡还有些差距。少康为此十分烦恼，不知何时才能复国。崇开劝他说："寒浞如今气焰正盛，强取是不可行的，我们可以智取。"

由于寒浞把大儿子浇封在过地，小儿子封在戈地，因此这两个人又被称为过浇和戈豷。他们为了继承权的问题早有心结。崇开对少康说："寒浞有两个儿子，一个是过浇，一个是戈豷，我们派人去取得他们两个的信任，离间他们，使他们兄弟相争，天下混乱，我们再趁机攻打寒浞，必定能成功。"少康大喜，连连称赞。

为了办成这件大事，少康的心腹戴宁和女艾主动请缨。他们两人均是仲康旧臣，足智多谋，对少康忠心耿耿。戴宁和女艾分头行动，一个前往过地，一个前往戈地。过浇虽为太子，但并不得寒浞喜爱，戴宁利用这点，每天在过浇耳边吹风："帝寒浞偏爱戈豷，使戈豷的势力一天天壮大，这不是您的威胁吗？不如早下手以保住王位。"而戈豷这边，由于他深得寒浞偏爱，对兄长过浇又早有不满，女艾就鼓动他灭掉过浇来取天下。于是兄弟二人暗中伺机发动兵变。一日，寒浞出宫远游，戴宁对过浇说："这是您的大好时机啊。"过浇于是集中过地的兵力杀入王宫中，宫中之人除嫔妃外全部杀死。过地兵力空虚，戈豷于是命女艾率兵洗劫过地，又攻打王宫，过浇在享乐之中就丢了性命。

螳螂捕蝉黄雀在后，少康趁机发兵，毫不费力就攻取了戈地和过地。之后，少康便率兵杀入王宫中，杀了戈豷和寒浞，夺回天下，光复夏朝，成为夏朝第六位君主。少康执政后，勤于政事，很有贤名。在他的治理下，夏朝出现了繁荣安定的局面，史称"少康中兴"。

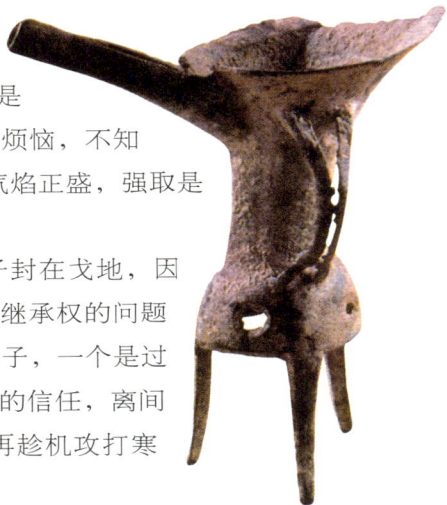

● 镂孔素爵·夏

河南商丘地区出土。高19.7厘米，流尾长17厘米。

28 孔甲养龙

❖ 时间：约夏中期

孔甲笃信鬼神，饲龙食龙，荒唐淫乱，致使诸侯叛离。孔甲乱夏，夏朝的国力迅速衰落，以致四世之后就灭亡了。

巫风盛行

孔甲是夏朝的第十四位君主，性情怪僻，好事鬼神。他的父亲不降（夏第十一位君主）很怀疑他的治国能力，没有传位于他，而是内禅给弟弟扃（jiōng），扃死后传位给子廑，子廑死后，孔甲继位。孔甲激动万分，认为这是他长期求神的结果，于是更加沉湎于鬼神活动之中，对于政事不闻不问，肆意淫乱，胡作非为，做出了很多荒唐的举动。

孔甲继位后，马上大兴土木，广修庙台。一时间庙台遍布国内。孔甲隔三差五便上神台举行各种仪式，迎神、宴神、降神、送神。宫内巫师无数，每天鸣钟击鼓，焚香祷拜。宫廷内巫术弥漫，宫外也不甘落后，百姓纷纷效仿孔甲，举国上下巫风盛行，不事五谷，国势日益衰落，各诸侯国叛离之心日重。

天降双龙

一天，从天上降下一雌一雄两龙，举国欢庆，孔甲亲自前往龙降之地，见双龙矫健俊美，高兴地说："神龙都降在这里了，是祥瑞的好征兆啊！"于是命人就在龙降之地修建龙苑，周围用高台为筑，名为"御龙台"，派专人侍奉双龙。

● **陶盉**

二里头文化遗物，高25厘米。浅灰色，泥质陶制成。下有三个袋状空足，一侧有一柄，也是二里头文化典型的陶盉形制。整个器物，造型均衡，表面光滑，制作精良。

然而这两条龙似乎并不领他的情。拿珍馐美食喂，不吃；拿五谷粮食喂，还是不吃。几天下来，孔甲焦虑不已，不知如何是好。有人报告说："龙喜欢水，应修建龙池。"孔甲赶紧传令工匠，挖造了一个湖泊。两条龙像根本没看见，还是盘卧在降落的地方，并不移动龙体。孔甲不甘心地前去劝说，龙却发怒了，张大嘴撕咬孔甲身边的侍卫，吓得众人抱头鼠窜。

陶唐氏的后人刘累，多年来学得了养龙之术，苦于无用武之地。听说此事，刘累跑到都城请命，自愿为孔甲养龙。孔甲大喜。

翌日，刘累开始施法请龙。他让三千将士假扮为二十八星宿，每人手持旌旗，造成云霞密布的样子，用火炮模仿打雷，以烟花代替闪电，水池周围布置机关不停击打水面。霎时间，电闪雷鸣，云霞翻滚，白浪滔天，宛若天庭中神龙行云布雨。困居于地面的双龙忽见烟雨喷薄，不知真假，飞身跃入白浪，终于成为了孔甲那个水池中的困兽。孔甲为了嘉赏刘累，赐他姓御龙氏，并强夺豕韦氏后代的封地给了他。天下诸侯都替豕韦氏打抱不平，决定不朝拜孔甲。

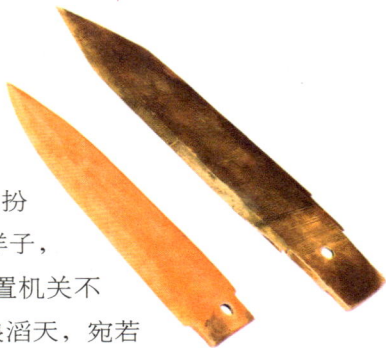

● **玉戈**

二里头文化遗物，河南偃师二里头出土。玉戈是远古时代典礼上的仪仗器。

冤杀师门

龙究竟非池中之物，没过多久雌龙竟然一命呜呼。刘累吓得不轻，一不做二不休，干脆将雌龙烹熟了呈给孔甲。孔甲觉得非常好吃，知道这是龙肉后，竟说："雄龙留着也没有什么用处，不如把它杀了吧。"刘累害怕了，连夜逃往鲁国。

后来，孔甲又找到了一个叫师门的高手，手段比刘累更胜一筹，把雄龙养得光彩耀人。但是，师门为人耿直，屡次顶撞孔甲。孔甲于是悄悄派人把师门杀死在郊外。师门死后，狂风肆虐，天降大雨数日，雨停，郊外又起山火。相信鬼神的孔甲心虚，觉得这是师门的冤魂在报复。孔甲连忙和巫师来到郊外作法祷告。回城路上，坐在车中的孔甲竟担惊受怕而死。

历史上"孔甲养龙"不过是个传说，他的那两条"龙"，很可能只是两条大鱼，被他吹嘘成了神龙。这位荒唐君主不问政事，一心沉溺于迷信活动和玩乐，由此也可见一斑。

夏桀亡国

❀ 时间：夏初

夏桀荒暴，宠爱妹喜，自然失去天下民心。商汤爱民，任用贤能，首先剪除夏桀的羽翼，最终灭夏而建立商朝。

诛杀忠臣

夏朝最后一位君主桀重用佞臣，排斥忠良，为政残暴，对外滥施征伐。

● 鸭形陶器

他即位后的第三十三年，发兵征伐有施氏，有施氏抵挡不住，进贡给他一个美女，名叫妹喜，为有施氏之妹。桀十分宠爱妹喜，特地为她造了富丽堂皇的琼室、象廊、瑶台和玉床，供他俩荒淫无耻地享乐。这一切的负担都落在百姓的身上，人民痛苦异常，敢怒而不敢言。

桀手下有个叫关龙逄的臣子，听到老百姓们愤怒的声音，向桀进谏："天子谦恭而讲究信义，节俭又爱护贤才，天下才能安定。陛下奢侈无度，嗜杀成性，弄得百姓怨声载道，长此以往，天下就危险了。"桀听了大怒，将关龙逄处死，还说："天上有太阳，我就是国家的太阳，太阳灭亡，我才会灭亡。"他还召集所属各部首领开会，准备发动讨伐其他部落的战争。

崛起的商部落

这时候，商部落在汤的领导下日益兴旺了起来。桀担心汤势力壮大而威胁自己，便将汤召入夏都，囚禁在夏台。

商族送桀以重金，并贿赂桀的亲信，使汤获释回商。

汤的妻子有个陪嫁奴隶，名叫伊尹，汤让他在厨房干活。伊尹很有才能，但他只是一个奴隶，为了让汤发现自己，伊尹就故意有时把饭菜做得很可口，有时却或咸或淡。有一次，汤就此事责问他，伊尹就乘机向汤谈论了自己对治理国政的见解。汤听了大为惊奇，知道伊尹是一个贤才，就免除他奴隶的身份，任命为自己的助手。自此，在伊尹的谋划下，汤积极准备灭夏。

汤注意以仁厚收揽人心，争取人民的支持。人民都称赞他对百姓宽厚仁慈，纷纷拥护，汤的势力由此进一步壮大。

汤历数夏桀的暴虐无道，号召夏的附属小国背弃桀，归附商。对不听他劝告者，就先后出兵攻灭。汤率兵先后灭掉了葛（今河南宁陵北）、韦（今河南滑县东南）、顾（今山东鄄城东北）等夏的属国，以剪除桀的羽翼。同时，汤还迁都于亳，以此为前进的据点，准备最后攻灭夏朝。商汤越战越强，十一征而无敌于天下，夏桀陷于孤立的境地。

而汤在不断征讨夏的属国的同时，大量地向夏朝贡各种珍奇异宝，并贿赂桀的近臣。桀收到这些珍宝，又有那些佞臣在他耳边说汤的好话，也就因此对商的所作所为不闻不问，双方的力量在不知不觉中此消彼长。

悲惨下场

汤和伊尹见时机成熟，就由汤召集部众，出兵伐夏，直逼夏的重镇鸣条（今河南封丘东）。

桀得到消息，带兵赶到鸣条。两军交战，桀登上附近的小山顶观战。忽然天降大雨，桀又急忙从山顶奔下避雨。夏军将士早就已经不愿再为桀卖命，此时，也乘机纷纷逃散。夏桀制止不住，只得仓皇逃入城内。商军在后紧追，桀不敢久留，携带妹喜和珍宝，登上一艘小船，渡江逃到南巢（今安徽巢县）。后又被汤追上俘获，放逐在这里。这时，桀还不悔悟，反而狠狠地说："真后悔当时没有把汤杀死在夏台监狱里！"

桀和妹喜养尊处优惯了，在这荒僻山乡，无人服侍，自己又不会劳动，就活活饿死于山中，夏朝宣告灭亡。汤建立了商朝，定都亳。汤建立商朝后，减轻征赋，鼓励生产，安抚民心，使商的势力扩展至黄河上游，成为一个强大的奴隶制王朝。

桀是中国历史上记载的第一个暴君，荒淫无度，还认为自己是"太阳"，最终丢掉了国家，也丢掉了性命。

● **鸣条之战示意图**

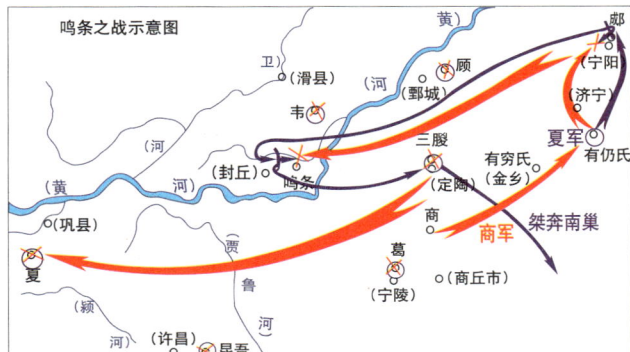

鸣条之战示意图

夏朝

二里头遗址

在中国早期国家的探源中，夏朝扮演着一个极为重要的角色。早在20世纪中叶，著名史学家范文澜先生根据《竹书记年》中的传说和《史记》的记载，将夏朝列为中国历史上的第一个朝代。然而，单靠文献资料研究夏朝历史，许多问题很难解决，甚至不可能得到解决。而考古发现无疑对认识夏朝历史有着重要的意义。

寻夏之旅

二里头遗址位于河南偃师境内洛水南岸的二里头村南。遗址以二里头村为中心，其范围包括洛水以南的四角楼村、北许村和喂羊庄之间，东西约有2.5公里，南北约有1.5公里，总面积约4平方公里。遗址依山临水，东阻成皋，西挡崤函，自然条件优越，地势十分险要。

从1960年至1964年，洛阳考古队在二里头先后进行了8次发掘，先后发现了作坊遗址、陶窑、窖穴、水井、墓葬、铜器、玉器、陶器等。根据这些发现，考古学家断定这是一座早期城市遗址。然而至于是哪朝哪代的城市，则有两种说法：一是商代成汤建的都城西亳；一是夏代的都城。如果与偃师尸乡沟商城相比较，后一种意见应该是比较合理的。后来考古学家又发现不同时期的陶器呈现出不同器物特点，从而断定二里头遗址的文化特征大约介于河南龙山文化与郑州二里冈商代前期文化之间，在考古学上通常称为二里头文化。

▶镶嵌十字纹方钺

◎河南偃师二里头出土。此器物中央有圆孔，周围镶嵌十字纹，纹饰较为特殊。

文化分期及内涵

　　二里头遗址的扑朔迷离之处在于它的分期和它与夏文化的关系问题上。就遗址的分期工作而言，可以说是众说纷纭。早在二里头遗址发掘初期，有人就根据出土陶器类型把二里头文化分为早、中、晚三期。然而，1974年，二里头考古队根据宫殿遗址的发掘资料，提出了二里头文化的四期划分说。

　　二里头文化四期说虽为多数人所接受，然而，在二里头文化与夏文化的关系上又存在许多分歧，几种主要的看法是：一种是二里头文化一至四期都是夏文化；第二种是二里头文化一、二期是夏文化，三、四期属于商文化；第三种是二里头文化一、二、三期为夏文化，偃师二里头遗址即是夏都阳城，四期为商文化。不过，尽管各家说法存在诸多分歧，大多数学者还是一致认为二里头文化是探讨夏文化的主要对象。

▶七孔大玉刀

◎墨绿色，体扁平，呈肩窄刃宽的宽长梯形，两侧有对称的凸齿，近肩处有等距且排成一直线的七个圆穿。玉刀两面饰纹相似，皆以交叉的直线阴纹组成网状和几何纹图。玉刀早在新石器时代已有发现，此后的夏商仍有生产，西周已消失，推测为古代代表权威和地位的玉仪仗器。

▲陶鼎

◎此陶鼎高16.5厘米，鼎腹饰以方格纹，是二里头遗址早期遗物之一。

▼宫殿复原模型

◎二里头遗址文化内涵丰富，而且发现了中国目前发现最早的宫殿遗址，成为我们研究夏代国家形成和发展的重要资料。

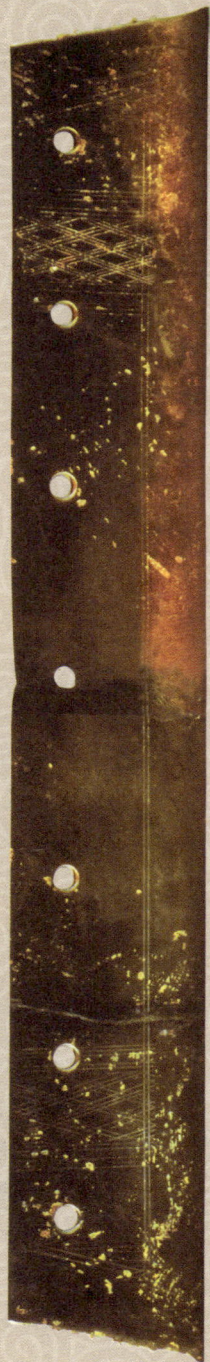

公元前1600年～公元前1046年

商朝是继夏朝之后，中国历史上第二个世袭制王朝。自天乙（汤）至帝辛（纣），共十七世、三十一王，前后经历了将近六百年。

商汤立国后，汲取夏朝灭亡的深刻教训，废除了夏桀时残酷压迫人民的暴政，采用了"宽以治民"的政策，使商王国内部的矛盾比较缓和，政治局面趋于稳定，国力也日益强盛起来。他对四周的许多国家进行了征伐，取得了一系列胜利。所以《孟子·滕文公下》记有汤"十一征而无敌于天下"，《诗·商颂·殷武》也有"昔有成汤，自彼氐羌，莫敢不来享，莫敢不来王"的记载，反映了商王朝在汤的统治下，已经成为强盛的国家。

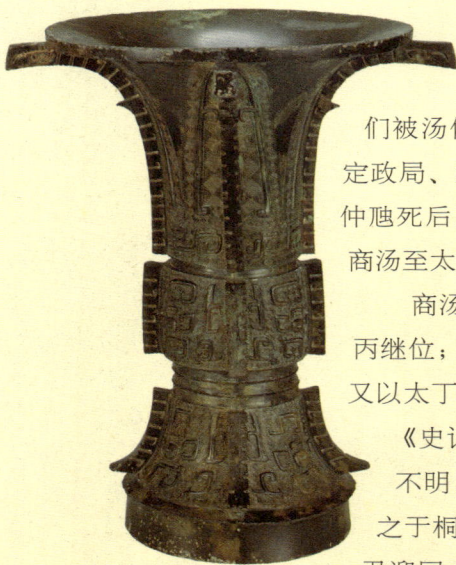

商汤统治时期出现大好局面，得益于伊尹和仲虺这两个贤臣的辅佐。据记载，他们二人在政治上颇有主张。他们被汤任为右相和左相以后，在处理政务、稳定政局、发展生产等方面，作出了不小的贡献。仲虺死后，伊尹在政坛上的作用尤其突出，成了商汤至太甲时期重要的辅佐，政坛的一位元老。

商汤死后，因其子太丁早死，由太丁之弟外丙继位；外丙死后，其弟仲壬继位；仲壬死后，又以太丁之子太甲继位，太甲乃商汤之长孙。据《史记·殷本纪》记载："帝太甲即立三年，不明，暴虐，不遵汤法，乱德，于是伊尹放之于桐宫。"太甲居桐宫三年，悔过自责，伊尹迎回太甲而授之政。以后，太甲修德遵法，诸侯归服，百姓的生活比较安宁。这个故事，反映了伊尹为贯彻商汤的治国方略、使商王朝长治久安作出了不懈努力。这个故事流传久远，伊尹也获得了"大仁"、"大义"的美名。

不过，统治阶级贪婪本性，决定了王室内部为权力和利益斗争的局面不可避免。《史记·殷本纪》中记载："自仲丁以来，废适而更立诸弟子，弟子或争相代立，比九世乱，于是诸侯莫朝。"从仲丁算起，经九世正好到盘庚时期，说明这一期间商王室内部为争夺王位，内乱不止，致使外患不断。这期间，商王朝曾多次迁都。

　　据文献记载，商代曾五次迁都。《竹书纪年》记载，商王仲丁"自亳迁于嚣"、河亶甲"自嚣迁于相"、祖乙"居庇"、南庚"自庇迁于奄"、盘庚"自奄迁于北蒙，曰殷"。不过考古学家至今只发现了偃师二里头、郑州商城、偃师商城和安阳殷墟四个都邑遗址。这四个遗址的面积都很大，均在三四百万平方米以上。考古学家已在这四个遗址中发现了大型宫殿基址、墓葬及作坊等重要的遗存，如二里头遗址中部发现的一号宫殿，面积达一万平方米。在偃师和郑州发现了规模很大的城垣。安阳殷墟还发现了规模宏大的王陵区祭祀场。从这些发现与文献记载可以知道，商代已经建立起比较完备的国家机构，有各种职官、常备的武装（"左中右"三师），有典章制度、刑法法规等。但上述这几个都城，它们与文献中记载的名字是什么关系，学术界还有不同看法，只有对"安阳殷墟是盘庚以后诸王世的都城"看法比较一致。

　　对商代历史上多次迁都的原因，史学家们有不同的看法。但从《尚书·盘庚篇》中看到，迁都与内部的政治斗争有一定关系。如盘庚虽然声称"视民利用迁"（即为人民的利益而决定迁都），但对那些不听命令的人，他发出了"我乃劓殄灭之，无遗育，无俾易种于兹新邑"（我要将他们斩尽杀绝，不让孽种留在新邑）的威胁，反映了内部争斗的激烈。盘庚迁殷以后，王室内部的矛盾得到缓解，促进了社会经济的发展。盘庚被称为"中兴之主"，并为武丁盛世的到来，打下了基础。

　　武丁是盘庚之弟小乙之子，即盘庚之侄。他年幼时，小乙曾让他到民间生活了一段时间，深知民众生活的艰难困苦。他即位以后，兢兢业业、不敢懈

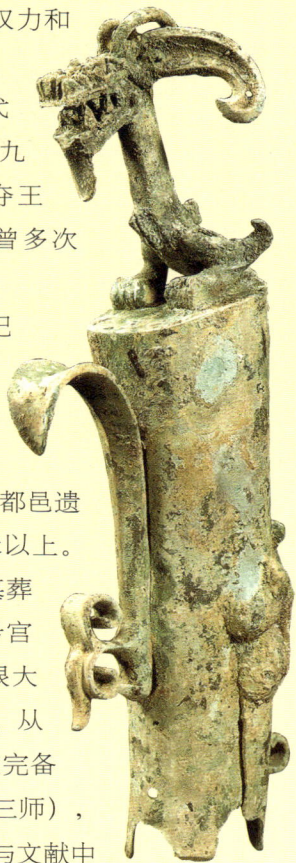

怠，励精图治，决意振兴大业。他四处征伐，对鬼方、土方、羌方、人方、虎方等方国进行征讨，战争的规模不小，往往动用数千兵力，最大的一次发兵一万三千人。在这些征战中，商王征服了许多小国，扩大了领土，也捉获了大量俘虏。武丁时期的文化遗存相当丰富，宫殿、墓葬、作坊等遗存都有发现。代表当时社会生产力发展水平的青铜业，有了突破性进展，如铜、铅、锡三元合金出现了；分铸技术已被广泛运用；青铜器生产数量大增，还出现了后母戊大方鼎、偶方彝、三联这样的重器。武丁时期在青铜业方面取得的成就，表明中国青铜时代进入繁荣时期。此外，在纺织、医学、交通、天文等方面，也都取得不小成就。武丁开创的盛世局面，为商代晚期社会生产的发展乃至西周文明的繁盛，打下了很好的基础。

1899年因一个偶然的机会发现的商代甲骨文，把湮埋了三千余年的古老文字重新呈现在世人的面前并让人们识读。甲骨文的发现，使商朝的存在无可争议，并使商代历史成为信史。安阳殷墟出土的十五万片甲骨卜辞，记录了商代社会中发生的许多事情。经过几代人的整理和研究，揭示了它所包藏的丰富内容，为研究商代历史开拓了重要的途径。

祭天祀祖在中国有着悠久的历史，在史前时期的考古中曾一再发现这类遗存。随着农业的出现，人们为祈求风调雨顺的好年景而产生对天崇拜。它是自然崇拜中的一种。祖先崇拜又叫灵魂崇拜。它源自对先人怀念，把梦中的情景理解为先人的灵魂作祟而产生。人们祭祀祖先，为的是求得先人的保佑。夏代开始的家天下局面，使原始宗教的内容发生很大变化。由于帝王是世上最高的统治者，为了维护他的统治，就把祖先崇拜与自然崇拜结合起来，创造了天或上帝这样的至上神。从文献中可以知道商代有"天"这个神，甲骨文中则有"帝"或"上帝"。所以商汤伐夏桀时说，"有夏多罪，天命殛之"、"夏氏有罪，予畏上帝，不敢不正"，打出"天命"的旗号，鼓动军士和同盟者去执行上帝的意志，奋勇讨伐。但天上的上帝与地上的下帝（商

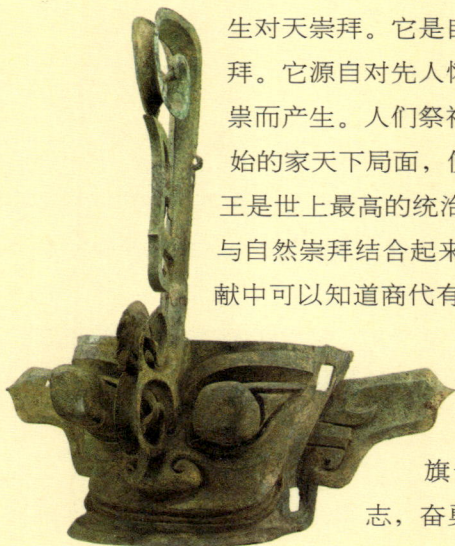

王）是相对的。为了执行上帝的意志，下帝通过巫与上帝沟通。商王在祭祀祖先时，用五种祀典，对上甲以后的祖先轮番地、周而复始地进行。安阳殷墟王陵区的祭祀场中发现了上千个祭祀坑，武丁时一次使用人牲达数百人。这种情况反映了商王对祖先崇拜的重视，因为上帝既是至上神，又是宗祖神。

　　武丁死后，他开创的太平盛世，没能长久延续下去。祖庚、祖甲以后诸王，特别是帝乙、帝辛时期，国内矛盾十分尖锐，四方诸侯也起来反叛。面对这种情况，商王帝辛（纣）不思改变，不听忠谏，一味追求骄奢淫逸的生活，进一步激化了国内矛盾。同时，他穷兵黩武，调集大军征伐东夷，加重了民众的负担，也使国内兵力空虚。周武王的大军打到商郊牧野，商纣王才组织力量，仓促应战。结果，商王的军队毫无斗志，"前徒倒戈"，为武王的军队开道。帝辛看到大势已去，逃到鹿台，拿出珠玉宝货自焚而死。商王朝就此灭亡。

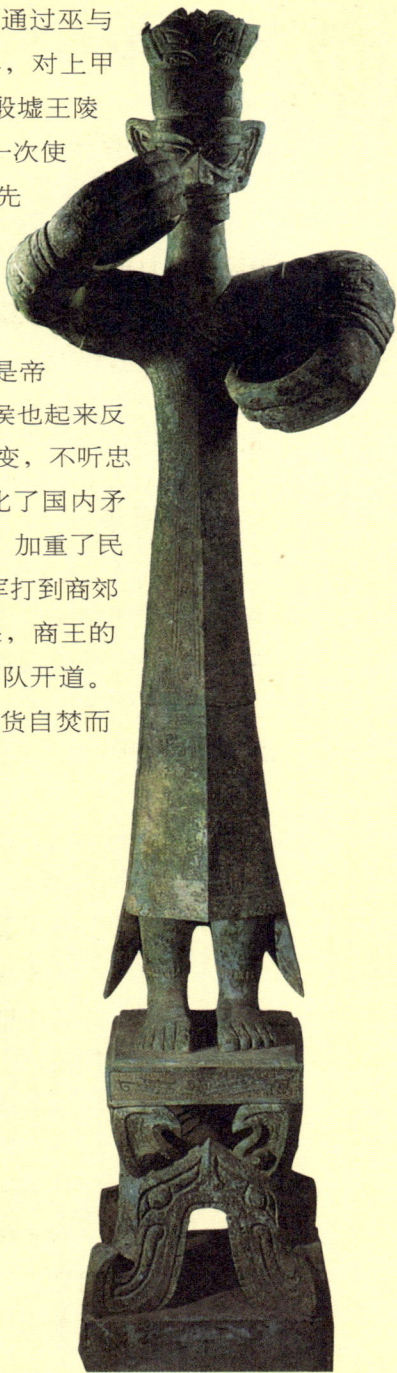

玄鸟生商

❉ 时间：商部族早期

商族是黄河下游一个古老的部族，后来成汤灭夏，入主中原地区，建立殷商王朝。关于商人的起源，《诗经·玄鸟》中说："天命玄鸟，降而生商。"玄鸟就是黑色的鸟，也就是指燕子。这短短八个字里蕴含着一段美丽的神话传说。

祭祀求子

相传，商朝的祖先名字叫做"契"。他的母亲简狄，是帝喾的妃子，然而契却并非帝喾之子。据说简狄嫁给帝喾之后，一直没有子息。有一年，简狄和丈夫以及两个妹妹一起去郊外祭祀媒神。媒神是司管生儿育女的神，谁要是没有儿女，便去向他求告，总是很灵验。在祭祀时，简狄向媒神祈祷，希望神能赐给自己一个孩子。

接下来发生的事情，就带上了神话色彩。简狄在祭祀仪式举行完毕之后，觉得有些疲乏了。她的两个妹妹于是提议到不远处的玄丘之水中洗个澡，轻松一下。简狄也正有此意，便欣然同意。温暖的春日，简狄和妹妹在凉爽的河水中沐浴过后，觉得疲劳顿消，非常惬意。正在这个时候，天上忽然飞来了一只燕子，在她们头上飞舞不去。简狄她们看着很好奇，就向燕子挥手。燕子像通人性似的，翩翩落在了简狄的手上。简狄开心极了，将燕子捧在手里，左看右看。出人意料的是，这只燕子忽然就产下一枚卵，落在了简狄的掌心，然后又忽地飞起到空中，很快就不见了踪影。

玄鸟遗卵，意外之喜

简狄十分惊异，把那枚卵捧到眼前，细细地看。只见这枚卵小巧玲珑，蛋壳上还带着五色斑斓的花纹，说不出有多么漂亮。这下子，两个妹妹更好奇了，跳着闹着，纷纷伸手想把蛋抢到自己手里，好看个仔细。简狄生怕大家忙乱中打碎了蛋，两手又没处藏，一着急就把蛋含进了嘴里，谁知，那蛋像是有灵性一般，一下子就滑进肚子里去了。三个人都吓了一跳，还好简狄并没有觉得有什么不适。

没过多久，简狄便开始觉得腹中有异动，请人来医治，发现居然是怀孕了。简狄认为腹中的孩子定是天神赐予的，又惊又喜。几个月后，简狄生下一个男孩，取名为"契"。

掌管德化，商族诞生

简狄出嫁前本是有娀氏部落首领的女儿，她将全副心思都放在培养契成人上。契天性聪慧，将母亲所教的东西牢牢记在心中。他长大后，在尧、舜的宫廷中做了掌管教育民众的"司徒"，国内的道德风尚大大改观。契还帮大禹治理洪水，表现得极为出色，受到了禹的赞赏。后来，契被封在"商"（大约在今天河南商丘一带）这个地方，契的子孙后代生活在他的封地，以"商"作为宗族的名号。这就是商的来历。

这个故事今天听来似乎有点荒唐，可古人却深信不疑。古文字专家已通过甲骨文证实，商人确实以燕子作为自己的祖先。据《史记》记载，夏禹是龙的后裔，帮助大禹治水的契则是玄鸟的后裔。"天命玄鸟，降而生商"，说明契和玄鸟有着不解之缘，所以整个商代都十分崇信玄鸟。《说文解字》中说："夷，东方之人也。"东夷各部落多以鸟为图腾，"玄鸟生商"的故事更证实了商人和东夷族有着历史渊源。而《史记》中记载："殷契，母曰简狄，有娀氏之女。"又表明了殷商文明承袭了早先的戎夏文明。商族只是从有娀氏分出的一个支族，契是这个支族的第一代始祖，这也表明了商族当时已经从母系氏族社会过渡到了父系氏族社会。

● 简狄像

简狄，是古代传说中帝喾的妃子，为商始祖契的母亲。

上甲微为父报仇

❖ **时间：商部族时期**

上甲微的父亲王亥为有易部落首领所害，四年之后上甲微联合河伯，打败有易部落，手刃了杀父仇人。

● **兽面纹铜瓿·商**

瓿颈部饰有两道弦纹，肩部饰长鼻兽面纹，腹上部和圈足各饰目雷纹。腹部饰兽面纹，双目凸出，其余部分铺饰雷纹。圈足上部有三个不规则镂孔。瓿的器型存在时间不长，约在商中期至晚期，发现数量也不多。

不幸身死

契之后又过了很多年，王亥成为了商部落的首领，他是一个善于饲养牛羊的人。在他的指导下，商部落的牛羊总是又肥又壮，满山遍野。牛羊的多少是部落实力的象征。别的部落对此很是羡慕。商部落的牛羊越来越多，王亥就和弟弟王恒商议，用多余的牛羊和特产去东方的有易部落（今河北易水一带）换回一些他们的特产。兄弟二人从现在的商丘出发，载着货物，赶着牛羊，长途跋涉来到有易部落。有易部落首领绵臣从来没有见过这么多的牛羊，心生歹意，趁夜杀害了王亥，夺走了货物和牛羊。王恒逃回商部落，和族人一起拥立王亥的儿子上甲微为部落首领。

君子报仇，四年不晚

上甲微虽然年轻，但是深谋远虑，认为现在商部落虽然比较富裕，但是缺少善战的士兵，进行长途远征还不具备条件，虽然自己报仇心切，但是也不能急于一时。于是，他继承父业，开始饲养大量牛羊，向别的部落换取刀枪剑矛，准备充足的武器；同时加紧训练士兵，下令族人中年轻力壮者必须参加军队，还把过去征战中的俘虏也集中起来充当兵卒，日夜操演阵法。

4年过去了，商部落实力大增。为了确保一举成功，上甲微派手下前往河伯部落，游说河伯部落首领，请求派兵援助。为了表示诚意，上甲微亲自前往河伯部落传授驯养牛羊之法，并且送给河伯部落首领牛羊数千，答应事成之后更有厚礼相送。河伯本来就与商交好，上甲微又师出有名，当即许诺出3000人马帮助商讨伐有易。

妙计伐有易

一切准备就绪，上甲微率领人马，浩浩荡荡地踏上了征讨有易部落的征程。有易部落首领绵臣毫无准备，慌忙应战。商部落军队士气旺盛，势如破竹。不多时，有易军队就败下阵来。有易部落擅长修筑工事，绵臣走为上计，命令撤退到防御工事，停军据守。上甲微自有妙计，白天命令军队原地休息待命。两军成相持局面。

当夜，上甲微率兵攻打绵臣的防御工事，双方厮杀得难解难分。绵臣的工事确实不同一般，坚固无比，上甲微屡攻不破。正在这时，有易工事的左后方突然传来震天的杀声，火光闪耀。原来是河伯部落首领率领军队从后方包抄有易，截断了有易的后路。有易腹背受敌，军心大乱，士兵四处择路逃窜。包围圈越来越小了，只剩绵臣和心腹数人仍在负隅顽抗。

此时，上甲微奋勇当前，已经杀到了绵臣面前。仇人相见分外眼红，绵臣知道今天难逃一死，不如拼命一搏，两人就像困兽出笼，每一击都杀向对方要害，一时难分胜负。但终究绵臣胆怯心虚，上甲微又年轻气盛，一个飞身将绵臣手中的兵刃踢飞，挥刀刺中绵臣心脏，用绵臣的鲜血祭奠先父王亥。

这次战争，以商的大获全胜告终。这次胜利使商部落威名远扬，上甲微大大扩张了自己的势力。后来成汤建商，基础就始于此，所以商朝对上甲微实行隆重的报祭。

延伸阅读　王亥造牛车

王亥是商人先祖之一，商代祭祀时称他为"高祖亥"。牛车最早出现于商代，史料记载"王亥作服牛"，即牛车为王亥所造。牛车能负重致远，可见商人已经懂得利用牛车作为运送货物的交通工具。牛车在甲骨文中称为"牵"，字形像缚牛引縻之意。牛车虽然不如马车轻灵快捷，但它的负荷能力却远在马车之上，所以牛车又称为大车。古代用于战争中的运输军用物资的牛车数量远远超过马车。由于牛车偏重于实用，比较笨重，车速也不快，数量多于马车，因此它们的地位是无法与马车相比的，上层权贵墓葬未见用牛车做殉葬品，原因大概就在于此。

成汤建商

❖ 时间：商部族时期

夏王朝统治了400多年，到了公元前16世纪，夏朝最后的一个王夏桀在位。夏桀是个出名的暴君，他和奴隶主贵族残酷地压迫人民，对奴隶的压迫更重。夏桀还大兴土木，建造宫殿，过着荒淫奢侈的生活。此时，商部落的首领成汤执掌国事。成汤看到夏桀十分腐败，决心消灭夏朝。

雄心勃勃的年轻首领

成汤是契的第十四代孙。相传他的母亲扶都怀孕时，曾梦到一道白气贯穿明月，几天之后就生下了汤。

汤的确是一个英明的领导人才。商在他的治理下，比先前更加繁荣强盛。然而，雄心勃勃的汤并不满足于此，他真正的理想是灭亡夏朝、消灭夏桀这个暴君，取其位而代之，并且开始了积极的努力。

从始祖契开始，商族已经经历了八次迁徙。到汤的时候，他又将部落的居住地迁回了祖先契曾经居住过的亳（今河南商丘）。从亳到夏朝的都城，是一片平原旷地，几乎没有什么山河阻挡，特别有利于军队进攻。迁亳之后，汤对内注意宽以待民，与民谋利，从而获得国内民众的拥护和支持，在商族内部形成了百姓亲附、安居乐业的局面。对外关系上，成汤尽力扩大自己的影响，力图取得各方国和部落的拥护。

●铜卣

卣是流行于商代和西周早期的酒器。此卣以青铜制成，短颈，鼓腹，上有提梁，卣身上铸有铭文，是研究商和西周的宝贵资料。

德传四方

人心所向，汤在民众的心中更具有号召力了，不仅本族人拥护他，连夏人甚至其他方国的人也十分向往。出现了《史记·夏本纪》中记载的"汤修德，诸侯皆归商"的局面。

汤的一系列活动自然引起了夏桀的注意。夏桀深恐汤的势力壮大会威胁他的统治，于是将汤骗到夏国，软禁在夏台（位于今河南禹县）。商国的右相伊尹设计将汤救出，并为汤正确分析了敌强我弱的形势，建议汤表面仍向夏桀表示臣服，暗中积蓄力量，才是上策。汤信服地采纳了他的建议。

灭夏建商

由于夏桀的苛暴，夏的同盟者九夷中的一些部落已经忍受不了夏的压榨勒索，逐渐叛离夏朝，力量对比逐渐向有利于汤的方面转化。这时，伊尹又给汤献计：不给夏朝进贡，来观察夏朝的反应。夏桀见汤不来进贡，便召集九夷之师伐商。汤赶紧谢罪求饶，夏桀便让九夷退兵了。九夷人因此觉得受了夏桀的戏弄，心中愤愤不平。次年，汤又不进贡，夏桀再召九夷之师伐商，九夷之师却不响应桀的号令。这样，夏桀处于孤立无援的境地，灭夏的时机成熟了。

汤知道机不可失，果断地决定大举进攻。他召集将士，借上天的旨意来动员将士，有功者将给予奖赏，不从者会受到惩罚。汤从亳起兵，矛头直指夏都。夏桀对商汤的进攻并未做认真准备，只得调集兵力仓促应战。成汤的将士们恨不得夏桀早早灭亡，作战非常勇敢，一交战，夏军就大败而逃。在鸣条之战中，夏军被彻底击溃。夏桀逃到南巢（今安徽巢县西南），被商军俘获。夏朝灭亡了。

成汤回师亳都，即位为王，三千诸侯前来朝贺。成汤也因此被称为"商汤"。他把夏禹所铸的九鼎移到亳都。从此，商王朝取代了夏王朝，成为中国历史上第二个奴隶制国家——商朝。

◆ 延伸阅读 《汤刑》

商代的统治者为了巩固他们的统治地位，维护商王和贵族们的权力，从建国伊始，就制定了一部法典——《汤刑》。《汤刑》又叫做《汤法》，大概是成汤时期颁布，而为他的后继者继承和充实的商代法典。相传《汤刑》的法律条文有300条之多，刑罚有死刑、肉刑和徒刑等，《汤刑》所规定的罪名有"不从誓言"、"颠越不恭"、"谣言惑众"、"不孝之行"等，也就是说对不服从商王命令的人、越轨乱法的人、不尽孝道的人都要处以刑罚。《左传·昭公六年》说"汤有乱政，而作《汤刑》。"所谓的乱政是指清明、良好的政治，这是把商代的良好的政治归功于《汤刑》的作用。《汤刑》对西周时期的法律也产生了重要的影响。

厨子宰相伊尹

❖ 时间：商初期

伊尹的地位很高，几乎与殷先公和商王平起平坐，他的丰功伟绩为后人所称颂。而商汤和伊尹更是中国历史上第一对被并称的圣君贤相，为后世君臣所效仿。

汤灭亡夏朝，建立商朝，右相伊尹是他的得力助手。伊尹原是商汤的岳父有莘氏家里的奴隶。有莘氏嫁女儿的时候，把伊尹作为陪嫁奴隶，陪嫁到了商汤家里。伊尹善烹饪，到商后为商汤掌厨，他利用侍奉商汤进食的机会，给商汤分析天下形势，历数夏桀暴政，进献灭夏建国的大计。后来，他得到商汤的信任，并被任命为"尹"，即右相。

生于空桑

伊尹的本名叫挚，因为生于伊水边，"尹"是商代的官职，所以被称为"伊尹"。

据说，伊尹的母亲住在伊水边。她怀孕之后，有一天夜里，忽然梦到了天神。天神告诉她说："如果看到臼（古代舂米的器具）中冒出水来，就赶紧向东走。但是不要回头看。"伊尹的母亲感到很奇怪，第二天早晨起床，看到臼中真的冒出水了。她感到非常吃惊，把这件事告诉了邻居们。邻居们也都很惊异，纷纷劝她还是遵从神的意思，赶紧向东走。伊尹的母亲于是就按照梦中天神的指引，向东走去。走了一段路，忍不住好奇地回头看了一眼。结果她原先居住的村落一下子就被水淹没了。她非常懊悔，就在原地化为了一棵中空的桑树。

这时，刚好有莘氏部落的一个女子路过，发现桑树大大的树洞中有个啼哭不止的婴儿，就同情地把婴儿抱出来，送给了国君。国君见孩子生得可爱，来历又颇为奇特，就决定留下他，给他取名为挚，交给了自己的厨师去抚养。

庖厨中的贤才

挚在有莘氏厨师的悉心抚养下长大了。他聪明伶俐，跟着厨师学得了一手好厨艺，烹调出的美食天下无双。更难得的是，挚不但手艺出众，而且头脑灵活，说话办事都表现得很有见识。很快，挈贤德的美名就传遍了四方。

当时，夏朝正是夏桀当政的时期，局势动荡，许多诸侯都开始不甘于臣服，想要取夏而代之，其中雄心最大的就是商部落的首领汤。汤胸怀大志，想要成就一番事业，却苦于身边缺少能够辅佐自己的贤才。他听说了挈的美名，就派人去暗暗查访一番，发现挈果然是个有才能的人。汤非常高兴，就派出使者，向有莘氏国君提出想要挈这个人来自己的部落。但有莘氏却因为喜欢挈的厨艺，不想放人，婉言谢绝了汤的请求。

汤当然很不甘心，想再去要人，又担心伤了两边的和气。他转念一想，就有了主意。于是，汤再次派人去有莘氏，但这次却不是索要挈这个人，而是请求有莘氏将女儿嫁给自己，附带的条件是，挈要作为陪嫁。当时，商已经是天下数一数二的大诸侯国，能攀上这样一门亲事，有莘氏自然是求之不得。虽然有莘氏国君有点舍不得挈，但毕竟只是个厨子，与联姻这样的大事比起来，就不值一提了，于是爽快地一口答应了。就这样，挈作为陪嫁的奴隶，与有莘氏的女儿一起来到了商。

助汤得天下

到了商以后，汤渐渐相信挈的确是一个难得的治国安邦之才，他无需再犹豫了。于是汤便除去挈的奴隶身份，破格任命他为"尹"，也就是相当于宰相的官职。从此，挈才被称为"伊尹"。

事实证明，汤的眼光果然没错。此后，汤最终一举灭亡了夏朝，这其中伊尹起到了举足轻重的作用。商朝建立后，伊尹又帮助汤制定了各种典章制度，使官吏不敢胡作非为，政局得以迅速稳定，经济得到恢复和发展，商朝逐渐繁荣起来。商的后人在祭祀时，伊尹总是被排在历代名臣的首位，而且有时甚至还被放在与商汤平等的地位上接受祭祀，也可见伊尹在商人心中的地位是何等崇高和重要了。

● 殷墟妇好墓出土的玉人·商

伊尹放逐太甲

❀ 时间：商初期

太甲无道，宰相伊尹将其放逐，让他闭门思过，三年后，伊尹见其悔过自新，还政于太甲。太甲痛改前非，成为商朝的一代有为君王。

伊尹协助商汤建立了商朝，连续辅助四代商王（商汤、太丁、外丙、仲壬）。仲壬死后，伊尹立商汤的孙子太甲为商王，自己为辅弼大臣，辅佐太甲治国。

放逐太甲

太甲继位之时正是商王朝兴旺之际，四方臣服，风调雨顺。太甲无心朝政，每日饮酒作乐，任意行事，甚至破坏祖制以满足私欲。伊尹一再规劝，连写了三篇文章来教导太甲怎么做一个好的君主：一篇名为《伊训》，是伊尹对太甲的告诫；一篇名为《肆命》，讲如何分清是非曲直，教育太甲如何行为处事；一篇名为《徂后》，介绍商汤时期的法律制度，教育太甲一定要按照祖制来治理国家，百姓才信服。

太甲衔着金汤匙出生，内心并没有把这个奴隶出身的宰相放在眼里，反而变本加厉，甚至像夏桀那样用极端的手段治理百姓，弄得百姓苦不堪言。伊尹苦口婆心屡屡劝诫，太甲全把它当做耳旁风，依然我行我素。伊尹为商朝社稷考虑，毅然决定以辅弼大臣的身份放逐太甲，把太甲软禁在商汤陵墓所在地的桐宫（今河南偃师），让他面对上祖之墓思过反省。伊尹放逐太甲之后并没有另立新君，而是代太甲执天下，接受诸侯

● 铸铜陶范·商

商代的铸造技术已经十分发达，从这些精细的陶范即可见一斑。

的朝拜。伊尹时刻关注着桐宫中的太甲，期待有朝一日太甲能幡然悔悟。

桐宫三年悔过

商汤虽然是商的开国君主，但是墓地十分普通，只有一座低矮的宫室，一个守墓老人，简单却不失庄严肃穆。

太甲刚来此地，愤愤不平，每日向祖父痛诉伊尹的行为，说他犯上作乱，身为臣子居然敢放逐君王。守墓老人每日向伊尹汇报，伊尹听后心喜，觉得太甲还是有些君王之气，就叮嘱守墓老人如何如何。日子久了，太甲百无聊赖，守墓老人就每天给太甲讲一个故事。老人所讲都是旧事，夏桀为什么亡国，祖父商汤创业的艰辛，为什么天下百姓拥戴商汤，如今又为何爱戴伊尹……太甲越听越羞愧，开始逐渐反思自己的所作所为，真是愧对祖上。太甲决定洗心革面，以祖父为榜样重新做人。

● 商代贵族服饰（根据出土玉人服饰复原绘制）

三年过去了，太甲变得行为谨慎、言语谦逊、思想沉稳、心忧天下、勤劳爱民，具备了做一个好君王的素质。

伊尹还政

太甲的悔过自新，伊尹都看在眼里。伊尹见放逐太甲的目的已经达到了，就亲自率领文武大臣前往桐宫接太甲回都城，两人见面，喜极而泣。回到都城后，伊尹还政于太甲。

太甲复位后，谨遵祖训，效仿祖父商汤，专心治理国事，爱民如子，使四方臣服，社会安宁，商朝进入了稳定发展的时期。

太甲死后，伊尹作《太甲训》三篇，用来褒扬太甲身为君主，知过能改的高贵品质。

伊尹很长寿，死的时候，太甲之子沃丁当政，沃丁以天子之礼葬伊尹。伊尹辅佐商王数代，代理国政，实为一代名相。

商朝

神秘的三星堆

四川省广汉市三星堆蜀文化遗址出土的大量青铜人头像，反映了蜀文化的艺术成就及其地域特点。三星堆遗址出土的大型青铜雕塑作品，以人物雕像最具特色。青铜人头像的大小与真人相当，共10余件，有贵族头像，也有奴隶形象。铜像有大有小，高的达1.70米，矮的只有6.5厘米。三星堆还出土有青铜方座大型立人像、人头像、人面像、人面罩及雕刻于其他器物上作为装饰的人头像。这些人像由不同的制作模型铸造，所以无一雷同，神态各异，精致优美，显示了不同人物的个性与身份。这说明当时的青铜铸造技术已十分成熟。

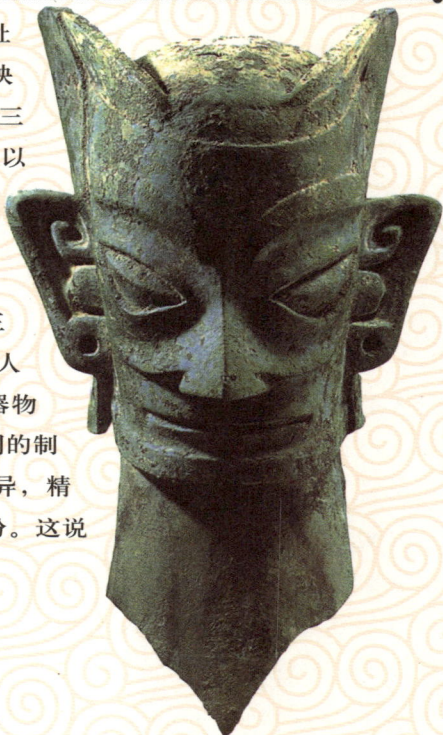

▲**戴冠饰簪人头像**

◎通高34厘米，四川广汉三星堆遗址出土。祭祀人像头戴双角冠，脑后有簪孔。长方形脸庞，粗眉巨目，鼻梁高直，卷云纹状耳，耳垂有孔。颈作三角形。

◀**青铜树枝头及人面鸟身像**

◎此像是三星堆遗址二号祭祀坑出土的小神树的残件部分，由树枝头和人面鸟身像组成。人面鸟身像方面，大凸眼，高鼻，大耳，身子短而硕大，有很宽的翅羽。凤尾，尾羽已残断，但仍能看出是呈孔雀开屏状。

▲青铜失冠人头像

◎头像的冠饰已失，眼睛为杏核状，鼻梁高耸，宽口且紧闭双唇，圆下颌。耳朵竖立，耳垂有孔，颈粗。

▶青铜夔龙柱形器

◎器身为上大下小的圆柱形，上端站立着一条昂首向前的龙。龙的下身紧贴器壁，两个后爪紧紧抓住器壁的两侧，尾巴向上卷曲。龙口大张，露出齿牙，似乎想要呼啸而飞。在器壁的另一侧还有一条夔龙向下爬行。

◀贴金箔铜人头像

◎此人头像通高48.5厘米，制作精美，风格独特。

盘庚迁都于殷

❈ 时间：商中期

商朝从建国到灭亡，长达五百多年，最后的二百七十多年都城都在殷（今河南安阳），所以商朝又叫殷朝，有时候也称为殷商或者商殷。商朝定都于殷，是从盘庚做国君时开始的。

🍃 决意迁都

商王太甲死后，王室内部因争权夺利而发生了愈演愈烈的斗争。由于王位的继承还没有确定的规则，因此每一代君主死后，都会爆发一场激烈的王位争夺战。

盘庚的本名叫做旬，是商汤的第九代孙、商朝的第二十个王。他本是第十九代王阳甲的弟弟，哥哥去世后，他也是通过一番激烈争斗才登上王位。盘庚很善于观察形势，因此深深地明白，应当赶紧想出一个行之有效的办法来缓和各种矛盾冲突，挽救商朝的衰亡。

●青釉弦纹豆·商

江西青江吴城商代遗址出土。胎质灰黄，坚致细密，造型工整，制作精细，是研究商代文化的一件珍品。

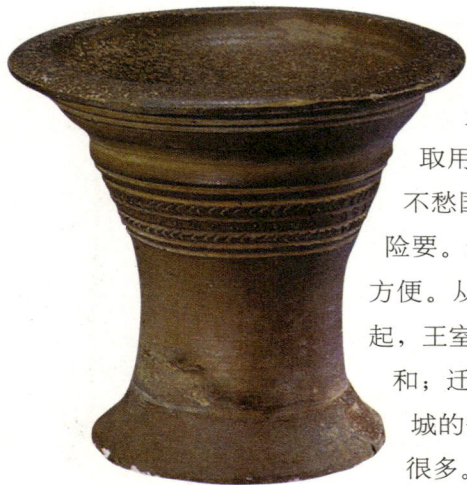

盘庚认为，扭转国家形势的最佳出路就是把都城迁到殷，因为殷这个地方西依太行山，地势西高东低，而且前面有一大片土地肥沃的平原。洹水自西北向东南穿过，取用水方便，有利于农业生产。在此开垦荒地，不愁国力不富。另外，殷正处于簸箕口处，地势险要。这对有效管理全国，以及出兵打仗，都比较方便。从政治上考虑，迁都以后，一切都得从头做起，王室贵族就会受到抑制，阶级矛盾就可以得到缓和；迁都还可以避开那些叛乱势力的攻击，保障都城的安全。而外部的干扰少了，统治就可以稳定很多。

侃侃而谈，恩威并施

不过，并不是所有人都支持迁都这个决定。一些奴隶主贵族们极力反对迁都，他们害怕到了新的地方不能照旧享乐。盘庚于是把奴隶主贵族召集起来，对他们公开说明迁都的理由。

《尚书·盘庚》三篇记录了盘庚的这些训话。第一篇是劝告，告诉大家搬家到殷去的好处。他说："我要迁都是继承先王的基业，以平定四方。……我要像先王关心臣民那样关心你们，保佑你们，带着你们去寻求安乐的地方。你们如果不与我同心，先王的在天之灵便要责罚你们，降下不祥。""我之所以要迁都，正是为了使得你们的生活安定。"第二篇是威胁，他用强硬的口气，警告大家一定要老老实实地服从迁都的命令，否则就要采取严厉的制裁措施。他说："我将要把你们杀戮了，绝灭了，不让你们恶劣的种子遗留一个在这个新邑之中。"最后他号召民众说："去吧！去寻求安乐的生活吧！现在我要把你们迁徙过去了，在那边，永远安定你们的家。"

迁都一举，功在千秋

可是斗争并没有结束，老百姓到了一个新地方，生活不习惯，吵嚷着要回老家。奴隶主贵族就乘机起哄，煽动大家要求搬回老家去。盘庚沉着应对，他告诫官员贵族们不要贪图享乐、聚敛财宝，而要谋生立功，施恩惠于人民，与人民同心，治理好国家。过了几年，局面才安定下来。

盘庚迁殷摆脱了长期以来旧势力的影响，加上殷都附近土地肥沃，物产丰富，特别是劳动大众的辛勤劳作，终于在较短的时间里就出现了"百姓由宁，殷道复兴，诸侯来朝"的局面。殷都被建设成了一个十分繁荣的都市，衰落的商朝也由此出现了复兴的局面。从此，商朝的都城就固定在殷城，再也没有迁移过。

盘庚迁殷，在商代历史上是意义重大的，这使得商代早期四处游移的都城有了定所，此后一直到商朝灭亡都以此为都。商朝从此政治稳定，经济也获得了极大的发展。商也因此有了"殷"的别称。因此，史学界也一直将盘庚迁殷列为商代历史上一个重大事件，有的学者甚至以盘庚迁殷为标志，把商代历史分为了前期和后期两段，盘庚对于商朝发展所做出的贡献，也由此可见一斑。

武丁中兴

❀ 时间：商中后期

盘庚将国都迁到殷以后，商的政治、经济和文化都有了很大的发展。到武丁时期，商王朝的国势达到了鼎盛阶段。

打破传统的小乙

盘庚迁都后，商的国力迅速恢复、发展起来。盘庚一共在位28年，去世后，由他的弟弟小辛继承了王位。小辛的治国才能没有哥哥好，一生庸庸碌碌，在他统治期间，商又出现了衰败的趋势。小辛不但资质平平，命也很短，只在位3年就去世了。后由他的弟弟小乙继承了王位。小乙觉察到国家缺乏人才，在走下坡路，想要振兴国家，然而自己也并不是成汤、盘庚那样的卓越人才，心有余而力不足。不过，小乙虽然自身没有对商的发展做出太大的贡献，却在选择继承人上做了一个让他的后代子民受益匪浅的决定。

按照商代的规矩，小乙死后王位应当传给其长兄盘庚的儿子。但是小乙发现自己的儿子武丁年幼机灵，聪明过人，是个治国之才。他深知一个人才对于国家的重要性，于是毅然打破祖宗成规，将武丁立为太子。

隐居民间的太子

为了让太子日后能成为一代贤君，小乙着实下了一番功夫。武丁刚刚成人，小乙就不让他再在宫中过舒适的日子，而是

● 后母戊方鼎

1939年在河南安阳殷墟出土，重达875公斤，是中国现存最重的青铜铸件之一。

命令他到民间去过普通百姓的生活。一来，可以体验民间的疾苦，磨炼他的意志；二来，也能够以平民的身份暗暗寻访，看是否能遇上那些隐于民间的大贤大能之士。

武丁深明父亲栽培自己的苦心，毫无怨言就踏上了旅程。他隐居在黄河岸边，沿着黄河四处闯荡。武丁和当地人生活在一起，穿朴素的衣服，住简陋的房子，与百姓们一起劳动。休息时，就和他们坐在一起聊天，津津有味地听他们对生活以及朝廷的态度和看法。不久之后，武丁不但深切体会了民间的疾苦，还了解到不少平时在宫中接触不到的学问。

中国通史系列·商

拜师访甘盘

在从事生产劳动的同时，武丁也没有忘记自己的另一项重任：寻访贤人。他一直在这方面非常留意，期待着能遇到一位品德高尚、学识超群的人。功夫不负有心人，他流浪到了虞（今山西平陆一带）这个地方，听当地人说，在黄河岸边的一个小村子里，隐居着一个名叫甘盘的人，很有学识。武丁一听说这个消息，就兴冲冲地登门去造访。

● **三羊首铜尊·商**

此尊出土于重庆巫山，器身装饰夔纹、云雷纹、饕餮纹等，体型较大，风格粗犷，对于研究古巴人文化的起源及发展有重要的研究价值。

这位年轻的不速之客让甘盘着实吃了一惊，不过他还是很热情地接待了武丁。交谈中，甘盘发现面前的这个青年虽然打扮得非常普通，却气宇轩昂、风度不凡，而且谈吐间更显得明达事理、胸怀大志。他早听过小乙的太子在民间闯荡的传闻，敏锐的直觉告诉他，面前这位谈吐不凡的年轻人，正是在民间巡游的太子武丁。甘盘按捺不住好奇，就问道："听说当今的太子并不在宫中，而是隐居于民间，巡查民情。您的样子像是从都城过来的，请问，这件事是真的吗？"说完，便目光炯炯地注视着武丁的反应。

聪明的武丁马上意识到，自己的身份已经被这位精明的长者看穿了。看来甘盘果然名不虚传，是个很有见识的人。为了向他讨教，武丁便坦然承认了自己的身份，并希望能向甘盘求教。甘盘早就期望能遇到赏识自己的人，使自己满腹才华不至于被埋没，现在证实自己面前的人果真是太子，他也不由得兴致勃勃，开始滔滔不绝地为武丁讲

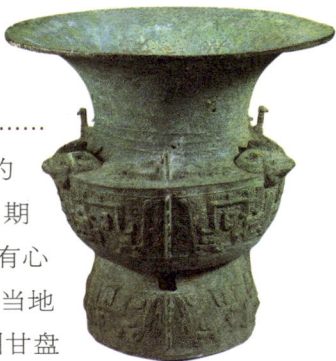

起治国之道。一番恳谈之后，武丁越发敬重学识广博、见识超群的甘盘了。最后，他站起身，恭恭敬敬地向甘盘行礼，希望能拜甘盘为师，并请他在自己登基后，辅佐自己处理朝政。甘盘欣然应允了他的要求。

即位三载，不发一言

小乙在他帝王生涯的第十年去世了，他死后，武丁就成为了商朝的第二十二任国君。

武丁果然是位与众不同的君主。本来，由于小乙对于他特殊的栽培和专注，他的即位本就是万众瞩目的事情，可武丁一即位，就做了件惊世骇俗的事出来：他三年没有说一句话。

按照商代的祖制，前任国君去世后，他的继承者首先要守丧三年，才能正式继承帝位。在这三年里，继承人要居住在特别为守丧建造的"凶庐"里，不能着华服，不能享用美食，不能进行任何娱乐活动，要用自己的全副心思来表达对已故先王的哀

● 龟鱼纹鸟柱盘
此盘的沿上立有两个鸟形柱，盘内饰有龟形纹和鱼纹，足上饰有斜角雷纹。

戚之情。当然，这期间，新王也是无需上朝处理政务的，一切国家大事均由辅佐君王的太宰来代理。

小乙去世后，武丁就按照祖制进"凶庐"守丧了，他不但完全按照守丧的礼节来约束自己的行为，而且整日脸上全无笑容，甚至一句话也不说了。开始，大臣们还以为他是哀伤过度，过一阵就会缓和过来。谁知几个月，甚至一年、两年过去了，这位守丧的新君，样子越来越肃穆，最后面孔也变得像雕像似的没了表情，整天只是盯着一个地方出神，一副若有所思地样子，连话也不说一句。大臣和内侍们想哄他说句话，他也只是恍惚地点头示意，还是不肯说一个字。这样一来，朝廷上上下下慌了手脚。大家苦苦思索，不明白新君出了什么毛病，可是又没人敢去探问。群臣只好私下里揣摩，却又不得要领，只好提心吊胆地过日子，生怕这期间出了什么朝局变动的乱子，那样的话，群龙无首，商朝可就危险了。这样子的日子一直持续了三年。

缄默的含意

武丁的缄默不语，究竟是为了什么呢？毫无疑问，从小以聪慧伶俐著称的武丁是不会做傻事的，这只是他着手整治国家的一个策略而已。

首先，因为武丁的继位不合乎商的继承制度，违反了祖制——兄终弟及，最后还位于长兄之子。本来，小乙死后

是应该把王位传给盘庚的儿子的。这就要求武丁首先要平复诸伯兄弟的不满、树立自己的威信。他三年不语，必然会在朝野和民间造成一种悬念的效应，让臣子、诸侯和平民都不禁心下惴惴，不知国君心中打的什么主意，这样一拖就是三年。他一旦开口说话的时候，必然会引起轰动和瞩目，那样说出来的话，就更有分量了，这样对于树立威信、收服臣心自然是大有帮助。另外，聪明的武丁也深知治国之难，守丧期间不需要料理朝政，他正好可以利用这段时间静下心来思索安邦治国之道，而且可以在不参与任何事的情况下，默默地观察朝中的政务与人事，做到心中有数，等到自己执政的时候，也就分得清孰忠孰奸，不至于被小人蒙蔽了。

中兴盛世的来到

武丁三年默默不语，一是在思索治国之道，同时也算是一则苦肉计，慑服人心。他的做法果然得到了很大的收效，三年之后，他一开口说话，果然轰动朝野上下，举国瞩目。臣子们心中悬着的石头也终于落了地，一心一意要辅佐好君王。武丁治国的第一步成功地迈出了。

从此他过起"正常"的生活，专心治理国家。由于曾经深切体验过民间的疾苦、了解过百姓的生活，武丁做了王以后，没有改变当年简朴的生活习惯，也没有忘掉民众的疾苦。他一心想要复兴商朝，做一个像商汤那样的贤王。他即位的第一年，就把自己在民间拜的老师甘盘请入了宫中，虚心地听他的指导。后来他又任用傅说、祖己等贤臣，再加上武丁自己也有过人的聪明才智，商朝的国力得到了迅速恢复，政治稳定，经济发展，国家很快又呈现出一片繁荣的景象。

同时，国力的强盛使得商王朝有能力与骚扰边庭、叛服无常的一些方国部落进行战争。武丁开始不断征战四方，先后发起一系列战争，从周边少数民族那里获得了大量人口和财富。与此同时，商王朝也与周边的方国部落积极进行经济和文化的交流，诸侯各国纷纷融入商王朝，使商王朝的版图和政治影响空前扩大。这一切，与商王武丁年轻时期肯于吃苦体验民情、谦虚地寻访贤人，即位后又采用了独特有效的手段与策略是分不开的。武丁在位50多年，在他统治期间，是商王朝最为强盛的时期，历史上把这段时期称为"武丁中兴"。

能征善战的妇好

作为王后，妇好也许不是历史上最著名的一个，但是同时作为王后和军事统帅，她却是历史上少有的。总之，她是中国女性的杰出代表。

帝王之爱

武丁见于史料的妻子有很多，其中只有三人先后拥有王后的地位，妇好则是第一位。

在现存于世的甲骨文献中，"妇好"的名字频频出现，仅在安阳殷墟YH127甲骨穴中出土的1万余片甲骨中，她就出现过200多次。而且武丁在这些甲骨占卜中向上天祈告的内容，包括妇好生活的各个侧面：征战、生育、疾病，甚至包括她去世后的状况如何，足见武丁对妇好关心之深。

妇好并不姓妇，她嫁给武丁成为武丁的妻子以后，武丁给了她相当丰厚的封地和人口，在她的封地上，她得到了"好"的氏名，尊称为"妇好"。

妇好的庙号为"辛"，商王朝的后人们尊称她为"母辛"、"妣辛"或"后母辛"。

能征善战

妇好的名字在甲骨文中频繁出现，不只因为她是商王的妻子，更重要的是，她曾是活跃在武丁时期的一名杰出的政治活动家和军事家。妇好武艺超群，力大过人。现在出土的大量甲骨卜辞表明，在武丁对周边方国、部族的一系列战争中，妇好多次受命代商王征集兵员，屡任军将征战沙场，协助武丁南征北战，建立丰功伟业，使武丁时期的商王朝处于极盛时代。她曾统兵1.3万人攻羌方，俘获大批羌人，成为武丁时期一次

● 玉鹤

此件玉鹤屈颈展翅，是殷墟妇好墓玉雕动物中的一件精品。

征战率兵最多的将领；参加并指挥对土方、巴方、夷方等重大作战。在对巴方作战中，她率军布阵设伏，断巴方军退路，待武丁自东面击溃巴方军，将其驱入伏地，予以歼灭，这是中国战争史上记载的最早的伏击战。

妇好作为女统帅，每次出征，都带着成千上万的人马。有一卜辞写着"登妇好三千，登旅万，呼伐羌"，意思就是商王征发妇好所属3000人和其他士兵1万人，命妇好率领他们去征伐羌国。1.3万人的队伍在当时来说，可谓规模巨大。而妇好不仅自己握有重兵、亲临战阵，在某些时候她还指挥其他军事将领，起到军事统筹的作用，可以说，当时妇好在军事方面有着至高无上的权威，这一点可以从她的墓室文物中得到佐证。妇好墓中曾出土了四把铜钺，两大两小，上面都刻有"妇好"二字的铭文。两把大铜钺，每把都重达八九千克。这两把巨大厚重的铜钺象征着商王朝极高的王权，而这样的象征物被当做殉葬品随同妇好下葬，妇好在当时的地位是不言自明的。

妇好的权威应该是在一次次成功的军事征伐中得以确立的，她的军事征伐也为商王朝政权的巩固作出了重要贡献。

在武丁之前，距商朝都城(今河南安阳小屯村附近)正北数百公里的土方部族常常侵扰商朝边境，这是个强悍的部族，他们一进入商朝所属的田猎区即肆无忌惮，随意掠虏人口财物。商王曾对土方部族进行过多次战争，都未能制服敌人，土方部族仍连年不断地南下侵扰，这种情况一直持续到武丁时期。武丁即位后，命妇好率兵讨伐土方，妇好率领军队彻底挫败了土方军队。土方从此老实起来，再也不敢侵扰商地，并且其势力也从此衰落下去。

当时位于商朝东南方的夷国虽然国力并不强盛，但是为了生存，他们也偶尔突发奇兵侵入商朝疆土杀人掠物。妇好受武丁之命再次带兵迎敌。但是她来到前线却按兵不动，而是暗中窥探敌军动态，等待出击时机。当时机成熟，妇好带军猛然全线出击，夷国军队一败涂地。只此一仗，就让夷国人领略到了妇好的厉害，夷国人此后再也不敢滋

● 象牙杯·商

此杯出土于河南安阳殷墟妇好墓，是中国古代象牙雕刻的杰作。

扰生事了。

前面提及的商朝对巴方的军事胜利也是妇好的战绩之一。巴方位于商朝的西南方，这个部族可以说是商朝的宿敌，与商朝时常发生战争。为了摧毁巴方，武丁曾亲自出兵杀敌。这次战斗打响前，武丁与妇好议定计谋：武丁带领精锐部队去偷袭巴军军营，而妇好则率兵在巴军退路方向预先埋伏，准备痛击巴方退兵。武丁带领的商兵的突然出现令巴军惊慌失措，巴军不及应战即纷纷溃逃，正好落入商军所设的埋伏圈内。妇好指挥伏兵迎头截杀，全歼了巴方的这支军队。

除了以上几次成功的征战，妇好还打退了西北方羌国的入侵。她的勇武善战和英才大略令商朝周围的那些少数民族部族不敢轻举妄动。她的威名甚至一直延续到她死后。

厚葬示念

除了率军作战，妇好还掌握着商王朝的祭祀占卜之典，经常主持这类典礼。她是名副其实的神职人员，最高祭司。

妇好于33岁死去，这在商代已经不能算做英年早逝了，但是对于活了59岁的武丁来说，失去妇好的悲痛可想而知。

武丁对妇好予以厚葬，并修筑享堂时时纪念。1976年发现的妇好墓是一座墓主人身份清楚、没有被盗过的王室墓葬。该墓共出土随葬物品1928件，其中青铜器440多件、玉器590多件、骨器560多件；此外，还有石器、象牙制品、陶器以及6000多枚贝壳。妇好墓出土的器物异常精美，如工艺精湛的小玉人、镶嵌绿松石的象牙杯等。

发现与发掘

妇好墓位于河南省安阳市小屯村的西北地，那里原是一片高出周围农田的岗地。该墓墓口长5.6米、宽4米、深约8米。当时对这个面积仅有20多平方米的竖穴墓，并未抱有过高的希望，但出人意料的是在挖掘墓的填土中就不断发现各种遗物。最先在距地表深约3米处发现了一件残陶爵，紧接着在墓穴东北部又发现了一件大理岩的石臼，这些发现引起了考古队高度重视，于是继续深入发掘。很快，在距墓口深5.6米处，发现了叠压在一起的3件象牙杯和大量骨笄，在其南面则布满不同质料的随葬品，有石豆、成对的石鸟、精美的骨刻刀和一面铜镜，

另有散放的骨笄多件。待取出上层遗物之后，露出压在下面的遗物，又有两面铜镜、小石壶、石垒、石罐、玉管、玛瑙珠等器物，均色泽鲜艳，工艺十分精美。考古队继续发掘，在接近水面时，仍不断发现遗物，其中最重要的是刻有"司辛"二字的石牛、靠着墓壁的殉人骨架和狗骨架。经抽水处理后，在墓葬北边一些大型铜器逐渐显露，大方鼎最先露出水面。从椁室中部向下发掘，很快进入棺室，棺内布满玉器，玉戈、玉人、铜器等也不断被发现。

该墓被发现之后，专家们根据出土青铜器上的铭文以及其他甲骨卜辞、传世文献等资料，确认其为武丁妻子妇好之墓。因为殷墟发现的商王墓，规模虽很大，但早已被盗掘一空，直到妇好墓被发掘，才使人们一睹商王室墓葬的奢华。该墓位于殷墟宫殿宗庙区丙组基址西南，是1928年以来殷墟宫殿宗庙区最重要的考古发现之一，是殷墟科学发掘以来发现的、唯一保存完整的商代王室成员墓葬，也是唯一能与甲骨文相印证而确定年代与墓主身分的商代王室成员墓，所以受到了学术界的广泛关注，其发现为揭开武丁时期许多重大历史事件提供了原始材料。

另外，妇好墓葬中出土的铜钺，是死者生前拥有军权的象征。而墓中的四面铜镜，表明至少在商王武丁时期中国已使用铜镜。随葬玉石器中，多为商代玉器中的精品。10余件玉石人物雕像，是研究当时衣冠发式的珍贵资料。另有3件带把象牙杯，也是罕见的古代艺术瑰宝。而妇好墓中出土的玉龙，龙身短小，并出现单一的云雷纹、重环纹、菱形纹等装饰，龙尾似刀，薄而锋利，有一定的实用价值。

妇好墓的发现为我们研究商代武丁时期的历史、社会风貌提供了丰富的史料，从奢华的墓葬反观历史，妇好这位女中豪杰，同时又是一个残暴的奴隶主贵族，让人不得不感慨"一将功成万骨枯"，千秋功过又有谁能说得清楚。

●三联铜甗·商

甲骨文的秘密

商

甲骨文是世界四大古文字之一，是中国目前所见到的最古老的成系统的文字，是用龟甲、兽骨进行占卜时刻写的卜辞和少量记事文字。因为这些文字书于龟甲、兽骨之上，一些学者便将其定名为"甲骨文"。甲骨上的卜辞和记事文字，虽然严格地说起来并不是正式的历史记载，但是因为数量众多，内容丰富，又因其历史悠久，所以一直是研究中国古代文字和古代史，特别是研究商代历史最重要、最直接的史料。

甲骨文博大精深的内容展示了商文化独特的魅力。作为文字档案，它为再现商朝的社会风貌提供了最好的原材料；作为精神产品，它打开了一扇通往古人内心世界的窗扉；作为书法艺术，它为多彩的汉字文化添姿加彩……

▶征鬼方牛骨刻辞

◎鬼方是历史上著名的方国，即后来的匈奴。刻有"鬼方"的甲骨，目前仅有3片，此系其中之一。

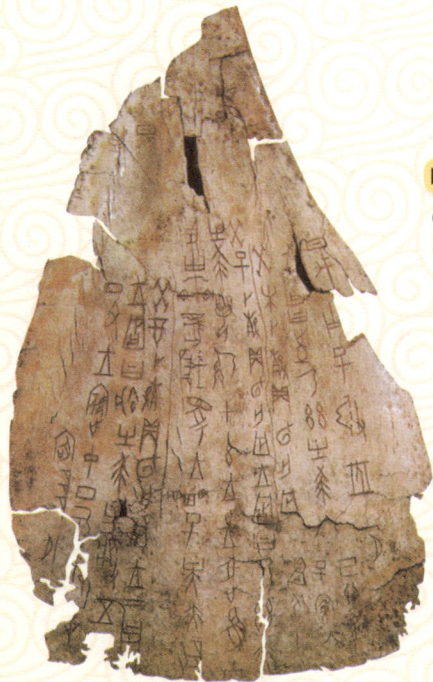

◀商代狩猎甲骨文

◎河南安阳出土的祭祀狩猎涂朱牛骨刻辞，是商王武丁时期一块牛胛骨记事刻辞。骨片巨大完整，正反两面共有160余字，除了有"来云自东，有虹自北"的记载以外，还记录了商王组织的一次大规模狩猎活动，是有关商代社会生活的重要资料。

◄ "月又食"牛骨

◎商晚期，长24.5厘米，下宽19.5厘米，上宽5厘米，河南安阳小屯村出土，经考证上刻有"壬寅贞月又戠"几个字，是商代实际观测有关月食的记录。据推算，此次月全食出现于商王武乙时期，时间约为公元前1173年7月2日。

► 刻辞卜甲

▲ 记载习武乐教学活动的甲骨文

◎卜辞原文是："丁酉卜，其呼以多方小子小臣，其教戠。" 表明当时殷都以外的方国也派出自己的子弟到殷都去习武。甲骨文中的象形字"戠"，为一人双手执戈备戒待敌之意，因此在商代，"教戠"应为传授武艺之意。

◄ "众人协田"牛骨刻辞

◎长14.8厘米，宽12.5厘米，河南安阳出土，这块卜骨上面有商王命令"众人"进行协田活动的记载。

纣王亡国

❈ 时间：商末年

作为一个帝王，纣王的聪明才智与荒淫暴虐，可以说在中国历史上都是少有的。或许正是这两点，断送了商朝五百年的天下。

● 兽面纹大钺·商

钺是刑杀的兵器，执有者被赋予兵权。此钺形体巨大、器身方正，弧形刃，两角外侈，平肩上有两穿，用来缚扎钺柄。钺身装饰有精美花纹，上部兽面纹间隔高浮雕圆形图案，下方则饰以细腻的三角形兽面纹。

生性残暴

商朝的最后一位君主，名为帝辛，后世称他为商纣王。他能言善辩，很有才干，但他没有像他的祖先那样将才能用于治国安邦，而是用于追求糜烂腐朽的生活。纣王喜好酒色，广建苑囿台榭，宠爱美女妲己，筑起豪华的鹿台，命乐师作"北里之舞"、"靡靡之乐"，又"以酒为池，悬肉为林"，通宵达旦地饮酒作乐，不理朝政。

不仅如此，纣王还非常残暴。商朝都城西边有一座巍峨的尖山，尖山脚下淌过一道清澈的泉水。有一天，商纣王和妲己坐在摘星楼上饮酒，远远地望见一老一少在涉渡溪水。老人行动缓慢，而小孩很快就渡过了溪水。纣王感到很奇怪，妲己对纣王说："小孩骨髓硬朗，不怕冷。老人骨髓空虚，所以怕冷。"纣王不信，竟命人立刻把这无辜的老人和小孩抓来，用斧子砸断他们的腿骨，验证妲己的话是否正确。人们为了记住纣王的这一暴行，把这条溪水取名为"折胫河"。

拒谏施酷刑

为镇压各方面的反抗，纣王还制定了严酷的刑法，制造了许多骇人听闻的刑罚。如"炮烙之刑"，是用青铜制成空心铜柱，中间燃以木炭，将铜柱烧红，凡有敢于议论纣王是非的人，纣王就令他赤脚在铜柱上走，受刑者忍受不了烫烙，就掉下去被火活活地烧死；"醢刑"，就

是把人杀死后制成肉酱。诸侯梅伯曾劝谏纣王废除"炮烙"酷刑，纣王便将他剁成肉酱，强迫其他诸侯吃掉，杀一儆百。此外还有"脯刑"，就是把人杀死后切成块，然后晒成肉干。鄂侯与纣王争辩，指责纣王无道，被纣王处死，并制成肉干示众。西伯侯姬昌听到这些事后在背地里叹息，被人告发后也被纣王关进监狱，后来又把姬昌的儿子杀死后做成肉羹送给姬昌吃。就这样，商朝的诸侯有的被害死，有的痛恨他入骨，决意复仇。而朝中，纣王的叔叔比干因为苦谏被挖心而死，哥哥微子逃亡，箕子装疯，一个可以辅助他的贤臣也没有了。

周抗暴政

在内部矛盾激化的同时，商王朝与周边各族的矛盾也日益尖锐，长期的征战耗尽了国力，颓势已难以扭转。而商国西边的附属国周，在周文王、周武王两代英主的领导下，势力日益强大。

特别是武王继位以后，知人善用，延揽了一批有才能的人，如太公望、周公旦、散宜生等。在他们的辅佐之下，国家日益兴盛起来。武王也一直在寻找机会，灭掉商朝。他不断地派人调查商朝的情况，当他得知商朝的老百姓连话都不敢说了，断定灭商的时机已到，于是就联合西方和南方的部落，向商纣王发起进攻，于商都郊外的牧野开战。那时候，商朝的军队正在同东夷作战，来不及调回，纣王于是临时把大批奴隶武装起来，开赴前线。谁知奴隶们早就恨透了纣王，于是在阵前倒戈起义，引导周武王的军队攻入商都。

鹿台遗恨

到了这个地步，纣王只好狼狈地逃回了宫中。眼看着大势已去，纣王悔恨不已。想到周军马上就要攻入，如果沦为阶下囚是绝没有好下场的。他把心一横，换上最华贵的服饰，挂了满身珠玉，登上最豪华的宫殿——鹿台，以袖掩面，表示愧对列祖列宗，然后便举火自焚了。等武王率军赶到时，纣王已经死了。武王于是命人斩下纣王的头颅，与一面大白旗一起高高挂起来，以彰显他的罪恶。

商朝就这样灭亡了，周武王成为新的天子，中国历史上第三个王朝——周朝，建立了。帝辛的失道，使他被后世贬黜了"帝"的称号，而改称为"王"，这也是"纣王"这个称呼的来历。

繁荣的青铜文化

商

大约在公元前13世纪前后，也就是中国商代的时候，中国进入了一个青铜器繁荣昌盛的时期。那时的青铜制品涉及了社会生活的大部分领域。青铜制造技术也在这一时期得到了提高，独特的造型，精美的纹饰，都使得商朝青铜器在数千年的文化发展及艺术发展中，居于显要的地位，成为中国古代文化的标志。青铜器的大量应用，促使商代的政治、经济、文化和艺术获得了前所未有的发展，创造了中国历史上灿烂的青铜文明。

◀青铜兽面具

◎三星堆出土。面具呈长方形，两个大耳向外侧伸展。长眉大眼，眼球向外凸出。阔口微张。额头正中有一呈夔龙状的额饰，额饰向外卷角。

▶青铜编铙

◎1993年湖南宁乡出土，编铙共9件，36.5厘米～53.5厘米高，均通体饰云雷纹，纽部有乳钉纹2组18枚，每组横竖各3枚。图为七号编铙，与其他稍有差别，鼓部两侧各饰一兽，纽部为云雷纹。每件编铙都能发出一个或两个不同的乐音，组合后可演奏乐曲。像这种件数较多，体型又较大的编铙极为少见。

◎象尊是象形青铜的酒器,是商、西周青铜器中的鸟兽形器物中较多见的器类,出土较多,其中以1975年出土于湖南醴陵狮形山的为代表。此象尊高22.8厘米,长26.5厘米,重27.7公斤,造型精美。象身满布三层饰纹:耳下为鸟纹、兽面纹,前腿立虎纹,后腿兽面纹。纹饰极为华美,但丝毫不损大象的整体造型效果,体现了一种繁丽之美。象尊所体现的雕塑造型艺术,显示了商周时期青铜工艺的精良和美术领域的发展。

▲鸮尊

◎鸮尊是流行于商代后期的青铜酒器,在鸟兽形青铜器中数量最多。虽都以鸮为原型,但变化丰富,各有异趣。

▶青铜神树

◎三星堆出土。通高396厘米,青铜神树由树座和树干两部分组成。树座呈圆锥状,底座为圆环形,上面装饰有云纹。树干有三层树枝,每层树枝有三个枝杈,每枝枝杈的底端结有精致的铜花果实,其中一枝枝杈的果实向上,在果实上站立着一只鸟。在树的一侧有一条龙,从树顶蜿蜒攀援而下,龙身呈麻花状,长达50厘米。整个神树结构复杂,充分反映了远古蜀人在青铜冶炼、铸造技术方面高超的工艺水平。

公元前1046年～公元前771年

周族有着悠久的历史，长期在陕甘一带活动，后以岐山之南的周原为主要的根据地。至公元前11世纪初，周族的力量日益强大。它一面征伐附近小国，扩充实力；一面把它的都邑从周原迁到今天长安县沣水西岸，建成丰京。它不断向东进逼的势态，加剧了与商朝的矛盾。商纣王一度将西伯昌(文王)囚于羑里。周臣用美女、珍宝进献商王，商纣王才放了西伯昌。西伯昌回到国内后，进一步加紧了伐商的准备。此时，商王朝政治腐败，内外矛盾空前尖锐。文王认为伐商条件已成熟，临终前嘱太子发（武王）积极准备伐商。武王即位以后，出兵车300乘、士卒4.5万人、虎贲（冲锋兵）3000人，浩浩荡荡地向东进发。庸、蜀、羌、鬃、微、卢、彭、濮等许多小国也率兵会合。周武王在牧野誓师，历数商纣之罪。商纣王发兵17万与周军对阵，但军士们无心战斗，前徒倒戈，引导周军攻纣。商纣王仓皇逃遁，在鹿台自焚而死，商朝遂亡。从此，中国历史进入了周王朝时代。

武王在丰京之外，又于沣水东岸兴建了镐京。克商以后，周王朝基本上控制了商朝原来的统治地区，又征服了四周的许多小国。但如何牢固控制东方的大片领土，成了武王面临的一个严重问题。于是，他采用"分封亲戚、以藩屏周"的政策，把他的同姓宗亲和功臣谋士分封各地，建立诸侯国。一个个诸侯国成为对一方土地进行

统治的据点，它们对周王室也起到拱卫的作用。武王把商纣之子武庚（禄父）封于商都，借以控制商人；封其弟管叔、蔡叔、霍叔为侯，监督武庚；又将周公封于鲁、姜尚封于齐、召公封于燕。周武王死后，其子继位。因成王年幼，由周公摄政。管叔、蔡叔对周公不满，散布流言，说周公意在谋取王位。不久，武庚与管、蔡串通一起，并联合东方的徐、奄、薄姑等国发动叛乱。周公调大军东征，用了三年时间，终于平定了武庚与管、蔡之乱，杀了武庚和管叔，流放了蔡叔。东征取得全面胜利，使周王朝的统治得到巩固。

武王灭商之后，回到镐京，深感镐京与新征服地区相距太远。他意在夏人活动中心的伊洛河地区建立新的都邑。他的这一想法尚未实现，突然病逝。从宝鸡出土的何尊铭文中看到，成王即位后，继承了武王之遗志，决定在洛阳附近建一新邑，"宅兹中国"。从这里对新征服地区进行统治，可大大缩短距离。为此，成王曾派召公去洛阳附近"相宅"。不久，洛邑(成周)与武王所建的镐京(宗周)一起，成为西周时期政治、军事、文化的中心。为彻底铲除殷遗民的复国梦想，成王时还将殷顽民迁至成周。

由于周公旦在宗周摄政，鲁侯之爵由他的长子伯禽就封。鲁的地望原在今河南鲁山，东征之后迁至今天的山东曲阜，已发现鲁城遗址；姜尚所封的齐国，在今山东临淄；召公所封的燕国在今北京房山，也已发现城址和燕侯墓地；武庚叛乱被平息后，该地封给武王之弟康叔，为卫侯，已在河南浚县发现卫国遗址；纣的庶兄微子启未参与武庚叛乱，他作为商族的后裔被封为宋侯，其地在今河南商丘；在卫国的西边，还有个晋国，成王攻灭唐国后，以其地封给他的兄弟唐叔虞，在今山西翼城与曲沃交界处已发现其遗址。这些诸侯国的封地往往形成掎角之势，互有联系、互相制约，因而在早期阶段对政治局面的稳定确曾起到一定的作用。文献中所说"成康之际，四十年刑错不用"，正说明成王平定武庚叛乱后，周王朝出现了一段安定的局面。

周人在经过一系列战争之后，控制的地域南到巴、濮、邓、楚，北到肃慎、燕、亳，东边到达滨海，西边直抵甘、青。其范围比商朝的地域还大。周王建立了比较完备的国家机器，对域内实行有效的统治。制定的刑罚，比商代更系统。常备军的人数比商代还多，在宗周驻有六师，在成周驻有八师。全国的土地与臣民，名义上都属周王所有，即所谓"普天之下，莫非王土；率土之滨，莫非王臣"。所以，周王封给诸侯土地与臣民时，要举行授土授民的仪式。所封的诸侯国，要定期朝见周王，有保卫王室的义务。他们还要向周王纳贡服役(包括兵役)，如果不纳贡服役，就是侮慢王室，要受到惩处。不过，随着时间的推移，各受封者常常擅自割让或交换土地，渐渐将土地变为私有财产。同时，随着新开垦的土地越来越多，私田的数量也在增加。私田的出现，对以井田制为基础的土地公有制，起到腐蚀和冲击的作用。

西周时期的社会经济比商代又有发展。大量使用奴隶生产，为社会提供了更多的剩余劳动产品，促使各种手工行业得到发展。青铜业生产进一步扩大，除王室控制的青铜作坊外，诸侯国也有自己的青铜作坊。青铜产品的数量更多，用途也更广，几乎涉及社会生活的各个方面。

青铜业的发展，推动了其它行业的兴盛。文字的使用也更广泛，除了在甲骨上契刻文字外，在上万件铜器上都铸刻有铭文，记录了当时社会生活中发生的许多事件。最多的一件铸有499个字，不亚于当时的一篇文献。农业、畜牧、纺织、冶金、建筑、天文、地理等科学技术也有不少新进展。这些成就促使人们的生产、生活都有变化。考古学家在西周晚期的墓葬中发现了人工冶制的铁器，说明至少在西周晚期，人们已经掌握了人工冶铁技术。这一发现，表明人在改造客观世界的斗争中，又掌握了一种有效的手段。

到了周厉王时，国内矛盾日趋尖锐。厉王横征暴敛，虐待百姓，还不让国人谈论国家政事。公元前841年，终于发生国人暴动。厉王逃到彘（今山西霍县），国人推共伯和行天子事。共和元年（前841）是中国历史确切纪年的开始。周宣王继位后，汲取教训，改变政策；为解除戎狄的威胁，还发动了对戎狄的防御战争，取得了胜利。在对荆楚、淮夷的战事中，也取得了一些胜利，因而号称"中兴"。但是社会中各种矛盾依然存在，整个社会仍处于动荡之中。

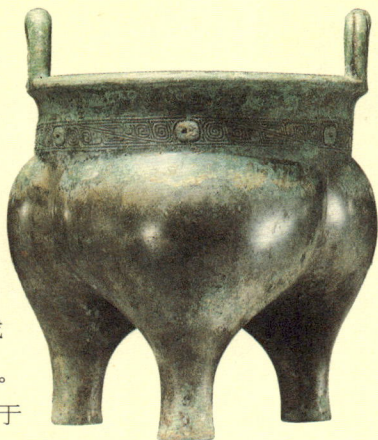

历史的发展总是不平衡的。商周时期中原已进入青铜时代的繁盛时期，周边的一些地区仍相对落后一些。因此，为财富及利益所驱动，周人与其它国族的战争几乎一直不断。江汉流域是蛮族的根据地。昭王率大军征伐南蛮，遭到蛮族的强烈抵抗，周朝军队几乎全军覆没，昭王也死于汉水之中。这是西周早期周王朝遭到的一次严重失败，从此失去了对南方各国的控制能力。穆王与宣王也曾南征，均未获得重大的战果。东方的夷族也时常侵扰周境，战事不断。噩侯驭方不堪周朝的奴役，"率南淮夷、东夷，广伐南国东国"，一直打到成周附近，震惊朝野。周王派西六师、东八师前往作战，仍无力抵御。后靠同姓诸侯的兵力增援，才取得了胜利。西北方的犬戎是西周时期最重要的外患。穆王时，犬戎的势力逐渐强大，阻碍了周朝与西北各国的往来，穆王西征犬戎，"获其五王"，并将一批犬戎部落迁到太原，打通了周与西北各国的道路。以后，犬戎仍屡次侵犯周境。宣王之子幽王，宠爱褒姒，想杀太子宜臼，立褒姒之子伯服做王位继承人。宜臼的母亲是申侯的女儿。申侯勾结犬戎攻打周王，杀幽王于骊山之下，犬戎乘机掠走大量财宝。西周就此灭亡。宜臼靠诸侯的帮助，登上王位，是为平王。他迁居洛邑，从此，历史进入东周时期。

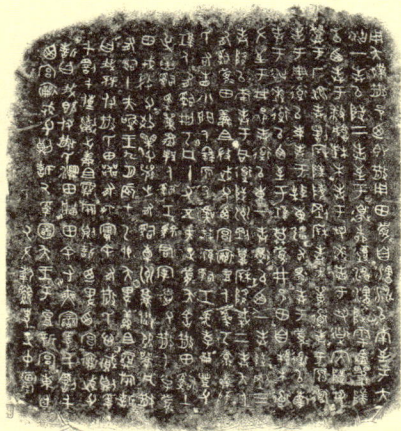

39 后稷播百谷

❀ 时间：周部族早期

周的始祖名为弃，被尊称为"后稷"，是上古时代杰出的农学家。"后"是对首领的尊称，"稷"指粮食。由于后稷对华夏民族的农业发展作出过巨大的贡献，遂被后人尊奉为农神。

巨人脚印的孩子

相传周的始祖名"弃"，他的母亲名叫姜嫄，是有邰氏之女。关于姜嫄生下弃，有一段离奇的传说。

据说有一天，年轻好动的姜嫄在家中闷得久了，便约了几个女伴一同到郊外游玩。走在路上，忽然发现路正中有一个巨大的足印。姜嫄一时好奇，忍不住走上前去，把自己的脚踩在地上的足印里，想看看到底大出多少。哪知一踩上去，身上便像受了震动一样，产生了异样的感觉。回去后不久，姜嫄便发现自己怀孕了。

一年后，姜嫄生下了一个男孩。因为孩子的来历着实很奇怪，连怀孕的时间也比别人多了两个月，姜嫄觉得他是个不祥之物，决定把他扔掉。

三次遭弃，天人共呵护

最初，姜嫄把孩子扔在小巷中，想让牲口踩死他。谁知，孩子被扔在路当中，来来往往的牛马像得到了什么指示一样，纷纷避开。姜嫄只好抱回孩子，又把他扔进山林里，觉得山林里野兽那么多，孩子肯定会被吃掉。谁知，不但野兽没有来伤他，过往的伐木工人看到孩子可爱，还拿食物喂他，给他盖上厚厚的衣服。姜嫄没有办法，只好再把孩子抱回来。这次，她把孩子丢在结了冰的河上，希望孩子被冻死。谁知孩子刚放上去，天上就降下成群的鸟，纷纷用羽翼覆盖、温暖他。

姜嫄看到这种情况，认为一定是上天在保佑孩子。于是她如释重负地把孩子抱进怀里，决心要好好抚养他。因为孩子曾经三次被抛弃，

姜嫄便为他取名为弃。

专心务农

从此，弃便跟着母亲生活在有邰氏部落。弃从小就聪明伶俐，说话做事都比同龄的孩子出众得多。

有邰氏是一个农业部族，由于受到有邰氏农业生活的影响，弃从小就喜欢玩种麻植豆的游戏。随着年龄渐长，他越发迷上了种植，每天都泡在田间，乐此不疲。他精心

● 将军崖岩画·稷神崇拜图·新石器时代

栽培的各种农作物都长得茎干粗壮、籽粒饱满。弃还整理出选种、耕地、除草等一系列完整的耕作程序，提高了农作物的产量。附近的人也纷纷慕名而来，向他请教技艺。

官封"后稷"，得姓"姬"

尧听说了弃的名声，就将他任命为掌管农业的"农师"。弃果然没有辜负尧帝的期望，带领着人民在尽心劳作，广泛推广农作物种植的技术。弃还成功地培育出了黍（即黄米）、麦子和大豆等从前没有的作物。弃还种植了麻，麻籽可以做粮食，麻纤维还可以织衣服。

尧去世，舜继承了帝位。当时，弃与禹、皋陶和契四个人，被并称为朝廷的"四岳"，弃专门掌管农业。舜为了奖励弃的功劳，把他封在了有邰氏部落活动的地域，给了他"后稷"这个官职，并赐姓为"姬"。当时的人多有名无姓，因此，这可以算是极大的殊荣了。

由于他的卓著贡献，后人们便将他奉为神明。后世的"社稷"这个词中的"稷"，就是指谷神后稷。后来，弃的后代就在这片土地上世代生活了下去，逐渐形成了周部落。

从这个传说中，可看到周族起源的蛛丝马迹。而弃诞生的过程，则反映了周人从母系氏族向父系氏族过渡的历史。周人之所以奉弃为始祖，大概是从他开始，周族才建立起独立的父系氏族部落。至于姜嫄为帝喾元妃的说法，则反映了以后稷为始祖的周族与夏的密切关系，而且周族很可能是有邰氏和高辛氏两个部落繁衍出来的一个支族。

文王遭囚禁

❖ 时间：周部族时期

周文王姬昌在周地施行德政，发展生产，招纳贤才，引起商王的猜忌。商纣王听信佞臣之言，将文王投入监牢达七年之久。文王返周后，展开灭商大业。

● 铜编钟·西周

编钟是周朝贵族在举行祭祀、宴享等活动中使用的主要礼乐器之一。

积善行仁，重用贤士

周文王姬昌在商帝乙时受封，继其父为西伯，因此又被称为西伯昌。他是殷商末年周族的首领，在父辈传下的基业之上，建国于岐山之下，一心一意积善行仁，政化大行。据《史记》记载：文王"遵后稷、公刘之业，则古公、公季之法，笃仁，敬老，慈少。礼下贤者，日中不暇食以待士，士以此多归之。"

商纣王荒淫无道。他的大臣辛甲曾多次进谏，无奈忠言逆耳，昏庸暴虐的纣王根本听不进去，甚至还要派人杀掉辛甲。辛甲见势不妙，为躲避杀身之祸，弃商投周。

周文王亲自迎接辛甲，奉若神明，拜为公卿。鬻子同辛甲一样，也是殷商臣子，据说曾经75次向纣王进谏忠言，而纣王根本不作理会。于是，鬻子也来到周，受到周文王重用。此外，曾以打猎为业的太颠，也是当世贤德之人，被周文王发现之后，不以其出身低贱，反而主动去请他到朝中做官。

如此一来，当时杰出的人才如闳夭、散宜生、胶鬲等，都纷纷投奔周文王。周文王从善如流，对他们分别考察，量才任用。《诗经·大雅·西伯》说："济济多士，西伯以宁。"周国很快出现了人才济济的盛况。

崇侯密告，七年入狱

周文王在这些贤士的辅佐之下，制定和采取了一系列有利于国家发展的政策和措施。周国土地本来就肥沃，适宜农耕，加上周人又善于种植，于是农业取得了空前的发展。

此时，商朝政治腐败，大臣与纣王离心离德，而周文王却以维护百姓利益为出发点，以德治民，采取了诸多发展生产的富民政策，比如允许百姓在山林中打猎，在河流沼泽中捕捞等等。周族的实力日益强大，不断地扩张着自己的领地。这些变化，在当时引起了其他一些诸侯的注意。

商朝诸侯崇侯虎在自己的封地（陕西户县）得到报告，说

● 演易坊

位于今河南汤阴北部，这里曾囚禁过周文王。相传周文王在被囚禁的七年中写成了《周易》一书，于是有了演易坊的遗迹。《周易》是一部探求宇宙奥秘与人世变迁的书。

西面岐山下的周文王在大行仁义之道，势力扩张极快。崇侯虎不敢怠慢，急急忙忙赶到朝歌向纣王汇报情况，借此表功。

见了纣王，崇侯虎禀报说："大王，西伯昌暗地里笼络人心，不仅贤德之人多去投奔，还有几个地方诸侯也归顺于他，将对大王您不利啊！"

纣王听后，觉得有些道理，便命令西伯昌来朝歌觐见，随后"囚西伯于羑里（今河南汤阴北部）"，也就是说将西伯昌投入了监牢，这一关，就是七年。周文王被囚，每日无事可做，便将伏羲所创八卦演变为八八六十四卦，代表万事万物，无穷无尽，内藏阴阳消息之机，后来则衍生为《周易》一书。

伯邑考决意救父

因为周文王是当时公认的"圣人"，因此纣王虽将他拘押起来，

但还是担心他会找机会兴风作浪，威胁自己的统治。这时，有一位大臣献上一计说："大王不必过于担心，我想出一条妙计，不妨一试。西伯昌有一子，名叫伯邑考。大王把伯邑考捉来杀了，一来可以警告姬昌，二来再将伯邑考之肉剁成肉酱，做熟了给姬昌吃。假如他分辨不出是自己儿子伯邑考的肉，一定会吃下去。那就证明姬昌不过也是肉眼凡胎，肯定不是圣人，大王也就不必太担忧了。"

纣王听罢，连连称善，说："这个主意好，就照你说的办！"于是就派人去抓伯邑考。

伯邑考是周文王的长子，当他得知父亲被囚羑里时，就决定去朝歌觐见纣王，希望能救出父亲。大臣散宜生听说此事后极力反对，他认为纣王昏庸无道，身边老臣之言尚不在意，以伯邑考的资历，前往朝歌，无异于飞蛾扑火，自寻死路。

但伯邑考去意已决，他进宫向母亲太姬辞别，禀明自己的打算。太姬听后略加思索，对伯邑考说："儿啊，你父亲被羁押在牢，如今

● 三年痶壶·西周中期

此壶为酒容器，盖榫外侧有铭文60字。

你想要去朝歌，而西岐这里内外事务繁巨，一刻也耽误不得，该交给谁办理？"伯邑考回答说："内务都由兄弟姬发担当处理，外务就由散宜生负责吧，军务则由南宫括管理。孩儿必须亲自去朝歌，以进贡为名，代父赎罪。"太姬见伯邑考执意前去，不好强加拦阻，只得应允，并嘱咐伯邑考一路小心，遇事三思而行。

伯邑考辞别母亲，又去找弟弟姬发，叮嘱他安心在西岐等待消息，与其他兄弟及大臣共同治理好国家。姬发一一答应下来。伯邑考便收拾行装，第二天即启程出发。

但伯邑考一行队伍还没有抵达朝歌，就被商纣王派来的军队团团围住。伯邑考被五花大绑，一路押解到朝歌，惨死在商纣王的屠刀之下。

食子之肉

伯邑考死后，尸体被剁成了肉酱。纣王命宫廷御厨用这些肉酱为材料做成肉饼，送去给周文王吃。

一天，周文王无事，抚琴解闷，猛然从琴中听出杀气，不禁大惊，忙占卜一卦。得知何事将要发生，文王不禁泪流满面："儿啊，你不听众人劝说，竟横遭此祸！今日如果为父不食你肉，亦难逃杀身之灾；如食子肉，为

父又于心何忍啊！"想着想着，泪如泉涌，哀恸不止。

这时纣王的使者已经赶到，将一个精致的膳盒摆在文王面前，说："大王命小人传话，他昨日外出打猎，捉到一鹿，命下人做成肉饼，特赐给贤侯，以表思念之情，请大人品尝。"

文王再三跪拜，说："犯臣在下，承蒙大王惦念，诚惶诚恐，感激涕零。犯臣不能亲自拜见大王，只好祈求上天，愿大王万岁！"谢恩完毕，文王连吃三个肉饼，表情还非常欢喜。

使者见文王吃了自己儿子的肉，不禁暗自叹息，心想都传闻文王能掐会算，善晓吉凶，是天下少有的圣贤之人，今日却大嚼亲生儿子之肉，感觉还很香甜，看来一切传闻，都是假的啊！

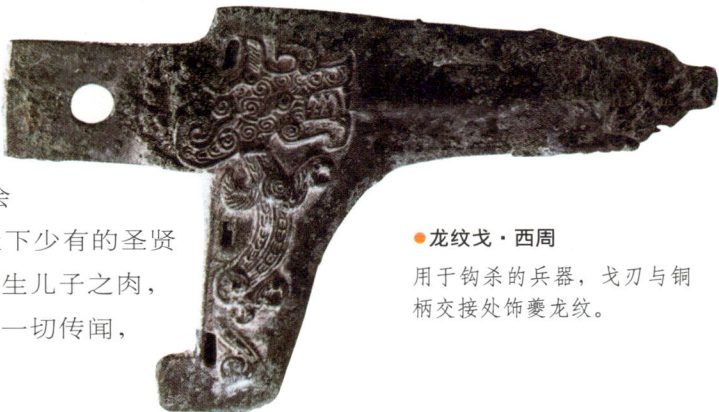

●龙纹戈·西周
用于钩杀的兵器，戈刃与铜柄交接处饰夔龙纹。

文王获释

文王忍住内心哀恸，强作欢颜吃掉儿子之肉，骗过了商纣王的耳目，一心等待逃返故国，灭掉殷商，为子报仇。而得到奏报的纣王，则如释重负，得意地大笑，说："看来姬昌根本就不是什么圣人，还怕他做甚？"便继续饮酒作乐，把朝政彻底扔在了脑后。

远在西岐的大臣闳夭等人都为文王的安危担心，并努力设法营救。他们四处派人找来有莘氏的美女，骊戎地区出产的红鬃白身、目如闪电的良驹，有熊国出产的骏马，还有其他一些珍奇宝物，通过纣王的宠臣费仲献给纣王。纣王见了这些东西非常高兴。《史记》中记载说，"纣大悦，曰：'此一物足以释西伯，况其多乎！'"于是赦免了文王，后又赐给他弓箭斧钺，让他负责征讨叛国事宜。

周文王忍辱负重，保住了自己的生命，赢得了被释放回国的机会，以图来日向强大的商王朝复仇。他回国后，立伯邑考的弟弟姬发为太子，继续励精图治，致力于国家的复兴。成就大业，往往需要这种能屈能伸的韧性，周文王的做法也历来为人们所称道。

渭水访贤

❀ 时间：周部族时期

姜太公早年生活困顿，空有才干却无处施展。后在渭水之滨垂钓，所谓"太公钓鱼，愿者上钩"，吸引周文王的注意。文王因而寻访到他。他后来辅佐文、武二王，灭商兴周，成就了一番伟业。

多舛的命运

姜太公，姜姓，名望，字子牙，又因被尊为齐国的始祖而称太公，商末周初人。相传姜太公的先祖曾辅佐大禹治水，因功封于吕地，所以姜子牙又被称为吕尚、吕望。姜太公虽是吕国国君的宗室子孙，但到他这一代已经由宗室贵族下降到一般平民百姓。

姜太公空有一番抱负，却无处施展，心中不免愤懑。万般无奈之下，他就打算赶奔相对富庶的中原地区谋份差事糊口。太公先是在棘津（今河南延津县东北）当了一名饭店的伙计，后又辗转来到了孟津（今属河南）的一家旅店干活。因旅店经营不善，收入渐趋微薄，太公只好离开，到了殷商都城朝歌，用积攒下来的一点钱财贩卖货物，做起了负贩行商的小本生意。《盐铁论·讼贤》云："太公之穷困，负贩于朝歌也，蓬头相聚而笑之。"忍着辛苦劳顿四处奔走，苦不堪言，还被在街头玩耍的无赖小儿相聚嘲笑，可见当时太公

生活的窘迫。不久，太公又在朝歌的市场上干起了屠宰生意。本是捧书执笔之人，何曾想过以操刀杀猪宰羊为业。

以上所谈及的姜太公的经历，尽管带有很多传奇色彩，但大致反映了姜太公早年生活的坎坷，以及经历的复杂。

姜太公钓鱼

姜太公无论做小伙计也好，还是杀猪宰羊、做生意也好，始终潜心研究治国安邦之道，期望能有一天实现自己修齐治平的理想。当时正是殷商王朝走向衰弱、而其属国——周国力量逐渐上升的时期。姜太公听说周文王是位英明之主，便很想投奔他，以期大展宏图。为了吸引周文王的注意，姜子牙经常坐在渭水河边钓鱼。独特的是他所用的鱼钩是直的，而且不放鱼饵，鱼钩离水面有三尺高。路人经过，看见姜太公这副钓鱼的模样，都指指点点地看他的笑话。也有好心人上来劝太公，说："你这样钓，怎么

能钓到鱼？鱼钩是直的，还没有鱼饵，鱼杆都快挑到天上去了，河里的鱼就是蹦起来也咬不上鱼钩啊！"

太公淡然一笑，说："鱼是会亲自来上钩的。"有人再劝，太公就不再理会。

渭水访贤

自从文王姬昌摆脱厄运，回到周国后，便暗自发誓与商纣王誓不两立，不断扩大疆土，招贤纳士。相传，一天晚上，文王突然梦到天帝穿着一身黑衣带着太公前来，推荐太公作为自己的老师，而太公同时也做了这个梦。文王醒后大惊，心中念念不忘此梦。随后借打猎之名，率众外出寻访贤才。文王一行人行至渭水之滨，听说了当地人当做乐事口耳相传的怪老头姜子牙钓鱼的事情。文王心中暗自惊奇，于是决定前去拜访。

到了河边，文王下令其他人一律在远处等待，自己孤身一人前往河边拜会姜太公。姜太公为文王的诚意所感动，忙邀请文王到自己的茅屋小坐，两人手拉手热情攀谈起来。如何兴邦治国，如何对抗商纣，如何招揽天下人才，谈得越来越投机，大有相见恨晚之感。

姜子牙见文王确实见识过人，且有求贤之诚心，便答应文王与之同归，辅助其治理国家，平定天下。当时，姜子牙已经进入古稀之年，文王尊姜子牙为师，称其为"太公望"，这就是姜太公之名的由来。

之后，姜太公辅助文、武二王，在伐商灭纣的过程中建立了不朽功勋，受封齐地，成为齐国始祖，名垂于青史。

●缂丝文王发粟图
此图表现了周文王开仓赈济百姓的场面。

42 牧野之战

❖ 时间：约前1046

武王继承父亲未竟的事业，经过多方准备，终于踏上了伐纣的征程。商、周军队决战于牧野，商军中充当前锋的奴隶倒戈相向，纣王大败，自焚于鹿台，商朝灭亡。

文王的临终嘱托

攻伐崇侯虎取得胜利之后，伐纣的准备工作又向前进了一步。但这个时候，文王年事已高，身体状况一天不如一天。他心知自己已经去日不远了，眼看着商朝已是穷途末路，只差最后的狠狠一击，可自己却已经等不到那一天了。

于是，他把儿子姬发叫到身边，语重心长地叮嘱他为君之道，要勤政爱民，团结兄弟。想到自己未竟的事业，文王拉着儿子的手，含泪说道："灭商大计，是从我的祖父大王直到我自己，几代人都为之倾注一生心血的目标，我是等不到那一天了。这个目标大概要在你的手里实现。什么时候灭商成功了，再到我的墓上祭告吧！"

不久，鞍马劳顿一生的文王就去世了，谥号"文"，后世称为"文王"。太子姬发继位，就是周武王。

盟津观兵

一心继承父业的武王，一即位就把全部心思和精力放在了灭商上。与父亲一样，武王也对太公望十分尊重，将他奉为自己的长辈，向他征询伐商大计。即位的第一年，武王还把国都从沣水西岸迁到了东岸，称为镐京，这样就更方便将来向商朝进军了。

但精明的武王接下来并没有马上竖起伐商的旗帜，而是颇有耐心地做了不少准备工作。其中最著名的就是在黄河渡口孟津举行的"盟津观兵"，实际上也就是一次大规模的军事演习。典礼上，武王将父亲

的灵位安放在战车中，而仍自称为"太子发"，意思是这次领军的人依然是文王。有了两代王的"亲自督战"，这次演习的周军表现得宛如实战一般勇猛激进，士气高昂。

出人意料的是，演习结束后大家准备庆功的时候，各路诸侯竟然像约好了似的从四面八方赶到了。诸侯们都对商怀怨已久，周已是众望所归，大家听说这次演习，便纷纷赶来响应。孟津渡口一时间群情激昂，八百诸侯与周立下盟誓，将来共举伐商。孟津这个地方，也因此被称为"盟津"。群情激愤之下，大家纷纷表示现在就要起兵，但武王认为时机不到，说服各路诸侯先积聚力量，等到时机成熟再行动，诸侯这才各自归去。这次观兵虽然没有直捣商都，却起到了很大的宣传作用，为日后的伐纣掀开了序幕。

● 西周战车模型

慷慨发《泰誓》

观兵后的第三年，武王认为伐商时机已经成熟，等待了许多年的时刻终于到来了。约前1046年，武王派使者遍告各路诸侯，共举大业，正式打出了讨伐商纣王的旗帜。

这次出征，周共出动了战车三百，虎贲勇士三千，轻甲步兵四万五千。武王亲自领军，仍将文王灵位供在战车上。大军浩浩荡荡渡过了黄河，盟津之誓的诸侯纷纷前来会师。面对着眼前士气高昂的一张张面孔，武王慷慨陈词：

"来到此地的诸位友邦国君，我麾下的诸位军士，请明听我的誓言。天地乃万物父母，人乃万物之灵。其中有智慧的人便做了国君，国君乃是人民的父母。现在的国君商纣王，上不敬天，下不爱民，沉溺酒色，荒淫暴虐，滥用民力，残害百姓。他残酷焚杀忠良，剖验孕妇。现在使得皇天震怒，降天命于我的父王，代天来惩罚他。可是不幸父王去世。在下姬发，与友邦的各位诸侯又旁观了商的施政。纣王他怙恶不悛，不敬拜天神，不尊重祖先，致使国内民不聊生，还说什

● 天亡簋

天亡簋制于周武王时期，是目前所见周代最早的铜器，因铭文中有"天亡又王"句，故名。又因铭文中有"王又大丰"，故又名"大丰簋"。铭文记载了周武王灭商后在明堂为文王与上帝举行祭典，追述他在文王等先人的庇佑下灭商的成就，称颂文王的功德，记载了西周祭祀盛典的情形。

么'自有天命'。人贵在同心同德。纣王虽然有亿万子民，但离心离德；我虽然只有三千子民，但同心同德。现在不代天惩罚他，我就是和他同罪了！现在请大家跟着我，一起恭敬地执行天命，讨伐商纣王这个独夫。时机不可失！"

这篇鼓动人心的誓词，与武王后来的两篇誓词，经后人整理后合称为《泰誓》（意即"重大誓言"），共三篇，收在《尚书》中。经过这番誓师后，周军斗志高昂地踏上伐纣之路，开始勇往直前地向商都进军了。

牧野誓师

牧野（今河南淇县以南卫河以北地区）东面是黄河，西面是太行山，北面一马平川距朝歌仅七十里，可以说是朝歌的南大门，也就说周军来到了商的大门口。黎明时分，决战的时刻就要到了，武王左手拿着黄钺，右手拿着白旄在牧野誓师：

"辛苦了，西方来的将士！我们邦国的国君和大臣们，司徒、司马、司空、亚旅、师氏、千夫长、百夫长以及从庸、蜀、羌、微、卢、彭来的人，请举起你们的戈，拿好你们的盾，我们一起宣誓：古人说，早晨啼叫的鸡中没有母鸡，如果哪家的母鸡在早晨啼叫，那么这家就要倒霉了。商纣王现在听信妇人之言，无视祖宗法制，不重用自己的同族兄弟，反而信任推崇那些犯罪的小人，让他们做卿士，做大夫，使商国一片混乱，百姓遭殃。今天，我姬发要替天行道，上天命令我们前去惩罚纣王。将士们，我们作战时，每进攻四次、五次或者六次就要停下来整顿一下来保证我们的阵形！将士们，你们要像虎、貔、熊一样威武勇猛冲向牧野。将士们，有投降的人我们要敞开怀抱欢迎他们，他们会壮大我们的势力；如果你们不奋力作战，上天会惩罚你们的。将士们，前进吧，胜利在等着你们！"将士们也跟着高呼："替天行道。胜利是属于我们的！"

奴隶倒戈

纣王听到武王大军杀到了牧野，这才停止了歌舞，撤掉了酒席，慌

忙把大批奴隶和从东夷抓来的俘虏拼凑起来，组成了17万大军。纣王心想，我有17万大军，还怕打不过区区5万人马吗？于是亲自率领这批拼凑起来的乌合之众，仓促地奔向牧野应战。

双方对阵，虽然兵力相差悬殊，但是武王的军队纪律严明，训练有素。纣王把由奴隶和战俘编成的队伍布置在阵的最前面，让他们与武王的军队先战，把商的"正规军"布置在后面督战。周军三千勇猛的先锋首先冲向商军，瞬间就打乱了商军的阵法。更出乎纣王意料的是，双方混战刚开始，商军的前排士兵纷纷调转矛头，指向纣王的军队。

这些奴隶和俘虏平日受尽纣王的虐待，本来就十分仇恨纣王，这时还被迫为他卖命，心中更加愤怒，巴不得纣王败亡，于是阵前起义，倒戈反攻纣王，助武王一臂之力。纣王看见奴隶纷纷把矛头指向自己，大为吃惊，忙命自己的"正规军"见奴隶就杀。纣王的"正规军"平日只是跟随纣王打猎游玩，从来没有列阵习武过，战斗力极差。武王乘奴隶倒戈之势以5万人马猛烈出击，商17万大军土崩瓦解。纣王见大势已去，狼狈逃回朝歌。

武王率兵连夜追击，一直追到朝歌。当夜，纣王躲进鹿台，穿上玉衣自焚而死。武王在灰烬中找到纣王的尸体，朝着纣王的尸体连射三箭，将纣王的头颅砍下，挂于鹿台示众三日。周军占领朝歌，百姓奔走相告，齐声欢呼。商朝就这样灭亡了。

●牧野之战

周天子分封诸侯

❖ 时间：西周初期

武王克商后，通过实行分封建国制度，建立起了一个幅员空前辽阔的奴隶制王朝，对各地区政治、经济、文化，尤其是边远地区的开发起到了重要作用。

文王时周已开始分封诸侯了。武王克商，周突然由一个小小的邦国成为统治四方的大国，如何来治理这么庞大的国家，怎样才能久远地统治下去呢？周武王和周公认为沿用文王的分封制最好，分封制可以建立藩屏，护卫王室；稳定政局，镇抚各族；抵御外侮，巩固边防。

分封制的内容

如何分封诸侯，武王、周公和姜太公商议了很久，定下了以下内容。周武王的分封制就是"封建"，即封邦建国。将王室成员、有功之臣以及古代先王圣贤的后代，分封到各地做诸侯，给予他们代表周天子管理这个地区和人民的权力。诸侯受封时，必须要举行册封仪式，周天子向受封者颁布册命，宣布封疆范围、土地的数量，同时赐给他们奴隶、礼器和仪仗等。诸侯可以在自己的统治范围内建立政权机构，设置军队和监狱。诸侯对周王也承担一定的义务，要定期朝贺，缴纳贡赋，

● 周公辅成王画像砖

随周王出征，王室重大祭祀活动，诸侯们也必须参加或者派人助祭。天子对诸侯有赏罚的权力，也有随时收回封国的权力。

分封天下

武王将诸侯分为三大类：

第一类是王室弟子。周初分封了71国，其中姬姓53国。武王将殷都旧地封给了自己的弟弟康叔，即卫国。卫国地处中原，又接近王畿，其疆域在各封国中最大，是屏卫周王室的重要封国。武王还将夏都旧地封给了自己另一个弟弟叔虞，即晋国，来加强对狄族的防御。同时，武王还封弟弟周公于曲阜，称鲁国；封弟弟召公于燕(今北京一带)，称燕国，是周王朝在东北方的屏藩。这样京畿重地与富裕之所都为姬姓所有。

第二类是有功之臣，首推姜太公。周武王将他封在营丘（今山东临淄北），国号齐。营丘是薄姑之民的故地，薄姑是殷商的盟邦，抗周势力不小。武王让姜太公在这里镇抚薄姑之民，同时还授予他征伐违抗王室的侯伯的权力。

第三类是古代帝王先贤的后代。这类封国一般都比较小，有的只是象征性的，表示西周对圣贤的尊重而已，在西周的政治生活中的作用不大。

天下归心，周公留朝

分封结束，周武王举行了盛大的仪式欢送各位诸侯。周公向武王辞行时发现武王闷闷不乐，神情沮丧，屡次追问下才知道武王不愿让几个心腹重臣尤其是几个弟弟离开，但是国事为重，只能忍痛看着他们一个个离开镐京。说到动情处，武王不禁垂泪，周公看兄长这样，想了想，觉得战乱刚刚平息，百废待兴，留在武王身边辅佐武王也是必要的，于是决定留下来，让自己的儿子伯禽前往鲁国就封了。

虽然周武王通过分封制使天下掌控在了自己手中，但是这次分封是不彻底的，还有不少地方未被收服。不久，周武王也积劳成疾，临终前把年幼的儿子姬诵托付给周公。周公在平定管蔡叛乱后，又进行了第二次分封。周初经过这两次分封，形成了以王畿为中心，众多诸侯拱卫周王室的局面，为周的兴盛奠定了基础。

周公制礼乐

❈ 时间：西周初期

礼乐本源自先民的祭祀活动，礼为祭神的供奉，乐为娱神的歌舞，故周公之前，礼乐的主要功用是敬神。而周公之后，礼乐则成为维系社会等级制度和张扬至高道德的礼仪规范。

博览典籍，遍访贤士

东都洛邑建成后，周公还政成王，周王朝进入稳定发展阶段。此后，为了辅佐成王安人心、定天下，周公便着手制礼作乐，希望通过典章制度、礼仪规范、干戚乐舞，以达到化成天下的目的。

周公为制礼乐呕心沥血，一方面大量阅读文化典籍，借鉴历史经验；另一方面寻访许多贤士和下层人民，向他们征求意见、了解情况。古书记载，周公"朝读书百篇，夕见七十士"，其辛苦忙碌可见一斑。周公居住的洛邑城内多是殷商遗民，其中不乏具有真知灼见的贤士。周公经常与他们攀谈，征询他们的意见。周公还命这些遗民为自己演示殷商的各种祭祀活动，让他们详细解释祭祀过程中每个动作、每句话与每个祭祀礼器的意义，并找来古书与之对照。周公还亲自前往各个诸侯国，向他们请教各地特有的礼仪。

在此基础上，周公又经过自己的思考和探索，对前代的礼乐进行了规范和整理，形成了一套适应西周政权统治需要的礼乐制度。

●西周贵族服饰

西周的服饰分弁、冕、冠、巾、帻。弁为天子服饰，冕为王公诸侯服饰，冠为有身份的人的服饰，巾、帻则是一般人的服饰。

礼乐成，天下安

西周的具体礼仪制度主要见于"三礼"——《周礼》、《仪礼》、《礼记》中。根据"三礼"的记载，西周的礼仪是一套繁复而完备的制度，如规范日常生活的冠礼、丧礼、聘礼、乡饮酒礼、士相见礼，规范祭祀的祭礼，饮食宴客的飨礼、燕（宴）礼，规范君臣上下之制的觐礼、朝礼以及军队的出征礼仪——军礼等，涉及西周社会的各个层面。这些礼仪规范的目的在于使"衣服有制，宫室有度，人徒有数，丧祭械用皆有等宜"。

西周的各种礼仪具体执行起来也非常繁复，以乡饮酒礼为例，主要分为六个礼节。一是谋宾、戒宾、陈设、迎宾之礼，即由主人与"乡大夫"商定客人的名次，一般选定宾一人，介（即陪客）一人及众宾多人；然后主人置办酒席，催邀客人；最后主人与傧相在门外迎接，三揖三让后将客人迎进大堂。二是献宾之礼，即主人对宾客敬酒之礼。三是作乐，即在主人敬宾客时，由乐工在席间唱歌并奏乐。四是旅酬，即主人派傧相敬客，然后宾酬主人，主人酬介，介酬众宾，众宾之间再按长幼之序以长酬幼。五为"无算爵"和"无算乐"，即宾客升座之后，举爵畅饮，歌乐不断，直到尽兴而归。六是送宾之礼，即宴饮结束后，乐工奏乐，主人送客出门。第二天，宾又来拜谢，至此整个乡饮酒礼才算结束。

"乐"也源于祭祀，它与礼相辅相成，不可分割。"乐由中出，礼由外作"，即礼由外在来规范人伦，而乐则是通过乐舞来使这种制度深入人心，使人们从内心产生对礼的认同。在西周，乐舞与礼仪相配，有十分严格的制度，不同的等级配以不同的乐舞。

周公礼乐的影响

通过礼乐来治理国家，周公的举措可以说是规范了当时的社会秩序，从而使华夏民族进入了礼乐文明社会。这一点上，周公对于中国文化的发展进步的确是功不可没。

儒家学派的创始人孔子对周公极为敬仰，由于孔子的推崇，周公后来成为儒家学者最为尊崇的古圣人之一，有时与孔子合称为"周孔"。周公的礼乐思想即后世儒家学说的源头，影响中国数千年，是中国传统文化的重要组成部分。

姜太公治齐

❄ 时间：西周初期

周灭商以后，姜太公以首功，被封到营丘建立了齐国。在齐国，姜太公积极发展工商业，增强国力。同时不拘一格招纳贤士，为齐国的强大储备了大量栋梁之材。经过一番治理，为齐国成为春秋五霸之一奠定了坚实的基础。

太公封齐

　　周文王在世时，事无巨细，大都听从姜太公的意见。在他的大力辅佐之下，文王修德施恩，发展生产，扩张土地，征服戎狄，不断削弱着商的实力，逐步形成了"天下三分，其二归周"的局面。这为武王继承父业、彻底推翻商朝奠定了牢固的基石。姜太公不仅辅佐文王完成了反商的准备工作，并亲自参与到直接推翻商朝的军事行动当中，担当着三军统帅的重任。

　　由于商纣残暴无道，国力衰微，且早已失去民心，经牧野决战，彻底败亡。灭亡殷商，姜太公自然是头等功臣，正如太史公司马迁在《史记·齐太公世家》中所载："迁九鼎，修周政，与天下更始，师尚父谋居多。"也正因为有如此大功，在周初实行分封制之时，姜太公被封于营丘（今山东临淄北），为齐国君主。受封之后，太公即率领姜姓族众赶赴封地。因为天下大局已定，太公心中不似过去那般忧虑。长期以来的辛

●衮服示意图·西周

据《周礼》记载，周代已具衮服之制，直到明代，衮服仍是统治阶级的最高一级礼服。

劳和疲倦，此时亦得以缓解。因此路上晓行夜宿，兼游山看水，走得十分缓慢。

幡然醒悟

这一日，太公率领族众已经走了将近半天，中午太阳高照，十分燥热，大家都嚷着要休息，太公也觉得有些疲累，便吩咐下去，让大伙找些方便之处休息一阵，顺便吃点东西。

看着族众男女欢天喜地地散开休息，幼童少年却不知疲倦地互相打斗、嬉戏玩耍，太公心中十分快慰。心想自己以年老之身，得文王知遇，得以出将入相，成就一番伟业，毕竟不枉此生。文王虽然故去，武王亦尊师重道，待己不薄，虽是君臣，那一番情义却胜似君臣。自己那日去拜别武王，武王姬发竟感伤垂泪，依依不舍。如此重情尚义之主，离他而去，自己也确实有些割舍不下。

●折觥·西周

觥盖前为兕首，巨鼻鼓目，大角后卷；后端作兽面，眉作卷曲夔龙。觥体前有流，后有鋬中线，四角饰透雕扉棱，装饰华丽。盖内和器内有铭文，盖器同铭，器6行，盖4行，各40字。此觥造型别致，纹饰繁缛，铸工精美，是西周青铜器中的佳作。

想到这，姜太公不禁深深叹了口气。这或许也是他一路慢行的一个缘由吧。不过，此番能率领族众奔赴自己的封地，得以安养天年，足可谓善始善终，人生如此，夫复何求啊！

太公刚从深深思索之中解脱出来，就见迎面来了一支队伍，仔细一看也是赶路之人。但见他们行色匆匆，太公觉得奇怪，便过去问话。路人听说是姜太公在此，都停下脚步，赶过来向太公施礼。太公问："如今天下已定，世道太平，却见你们脚步匆忙，不知道在为何奔忙啊？""回太公的话，小人们并无急事，"一个中年人向前几步，恭敬地说，"只是，小人听说时难得而易失，慢行必定错失机会，太公不急于赶路，不像前往封地就职啊！"

这一番话，让太公猛然惊醒。是啊，此时虽然攻灭了商纣的军队，占领了都城，看似大势稳定，但边远地区还没有纳入统治秩序之内，仍是一片混乱状态。自己耽于行程，岂不误了大事。想罢，太公便命

令族众即刻启程，急急赶路，第二天天刚放亮便赶到了营丘。果不出路人所言，姜太公刚到，正好赶上附近的莱夷部落聚众前来攻打营丘，与太公争夺此地。好在太公及时到达，亲自统帅部属抵御来犯之敌，粉碎了莱夷部落的进攻。

三业并举

姜太公在营丘修明政治，积极治理。在治国的方针策略方面，他施行了因地制宜的方针。

太公的理财富国、富民足民的发展经济的思想主张不仅全面周到，而且深刻精辟。齐地田土贫瘠，百姓穷困，人口也相当稀少。《汉书·地理志》就记载说："齐地负海潟卤，少五谷，而人民寡。"因此，在齐国经营农业十分困难，依靠农业来富国强兵绝对不是好出路。姜太公没有蛮干，他在一番调查之后，发现"负海"虽有缺陷，却也有丰富的鱼盐资源，齐地又有较好的手工业传统，因此决定"因其俗"，积极发展手工业和商业。据《史记·货殖列传》记载，"太公望封于营丘，地潟卤，人民寡，于是太公劝其女功，极技巧，通鱼盐，则人物归之，繦至而辐凑。"这种因地制宜，扬长避短，利用自身资源条件让商贾通商、工匠制作器物、妇女纺织的政策措施，充分调动了国人的生产积极性，是完全符合当时齐国的具体国情的。太公深知农、工、商三业对国计民生的重要意义。国无农无食不稳，国无工无器不富，国无商无货不活。因此这三种行业绝对不可偏废，要协调发展，使人民有业可从，衣食饱暖，器具足用，财货流通，财政充裕。在这种经济思想的指导下，加上太公及后世诸王的苦心经营，促使齐国在经济实力上有了迅猛的提升。

历史词典

西周的舆服制度

西周的舆服制度是各级贵族等级的标志之一。所谓的"舆"是指车，"服"是指冠冕和服饰。西周王室赐予受命者的衣服、车马、旗帜，其冠冕服章包括衣、冠、带、履、佩、笏等，它们有数量、质地、形制、颜色、纹绘、组合等方面的差别。一般而言，爵位较高的贵族所享用的舆服的质地优良，各种图案纹饰雅致，颜色搭配丰富多样。而低级贵族所享用的舆服质地较差，纹饰图案也比较单调。册命舆服为官方的信物，为政府任命官员爵位、身份及权力的象征。公、侯、伯、卿、大夫、士的等级不同，所享用的舆服都不相同。冠冕服饰作为帝王、诸侯及卿大夫的专用服装，其严格的等级规定本身就具有十分鲜明的政治色彩。冕服作为官服，适应周代礼仪制度的发展而得以不断完善。舆服制度与封建册命制度及爵位制度有密切关系。

当然，这与姜太公个人的经历也有很大关系。他早年曾经经商，在朝歌、孟津一带的市场做过小贩，也干过屠宰，还卖过酒，可谓经历丰富，因此对通过发展工商业来致富的方法十分熟悉。由此可见，太公不仅是一位杰出的军事家，还是一位富于经济谋略的商业家。

选贤任能

姜太公高瞻远瞩，认识到"天下非一人之天下，乃天下人之天下也"，人性好生恶死，好德而归利。如果能行仁义道德，就能使天下人前来归服。因此，国君应当以天下之利为利，以天下之害为害，以天下之乐为乐，以天下之生为务。这样必可以使万民归心。因此他大行仁义之道，修德惠民。

在用人方面，太公采取了"尊贤尚功"的方针。实际上就是尊重人才、重用贤能之士。《六韬·文韬》里《上贤》、《举贤》两篇文中，集中表现了姜太公的重贤、上贤、选贤、举贤的圣贤治国论及其思想内容。凡是有才干之人，不论身世如何，哪怕是出身贫贱，只要能够为国为民做出贡献，就应得到嘉奖和重用。这种不论高低贵贱、贤哲皆为我用的方针，是太公深远的谋略智慧在政治上的集中表现。太公还要求，要根据各级官吏的职能分工，来选取贤能，并依据各官职应具备的条件来考核官吏，鉴别他们才智的高低，考核他们能力的强弱，评定他们政绩的优劣，使其名实相当，为国出力。此举为齐国招纳了大量的贤才。

以上由姜太公订立的治国方针，在齐国数百年的发展史上代代相传，产生了巨大的影响，为齐国后来成为五霸之一奠定了坚实的基础。

● 何尊及何尊铭文拓片

何尊是西周早期第一件有纪年铭的铜器，是西周前期重要的铜器之一。其铭文有122字，述及周初重要史实，与成周（洛阳）的兴建有关，对研究西周初年的历史有很重要的意义。

46 国人暴动

❖ 时间：西周晚期

周厉王实行暴政，国人怨声载道。厉王为了镇压国人的不满，又进一步施行高压政策，妄图以暴止"谤"。"防民之口，甚于防川"，忍无可忍的国人终于发动了声势浩大的武装起义，把厉王赶出了镐京。

西周前期，各位周王勤于政事，政局安定，百姓乐业，但是周初的兴盛只有约半个世纪。康王之子昭王南征不归，穆王西征犬戎无果，建国之初的那种明德慎行、汲汲求治的精神慢慢淡化，当政者日益懈怠骄纵，追求享乐，争权夺利，由此"荒服不至"，王室衰微。

🍃 厉王止谤

周厉王生性贪婪残暴，为了获得更多的钱财，他不顾百姓死活，把原来公有的山林川泽宣布国有，不准人民在这些地方打水、捕鱼、伐木、打猎。这样一来，就触犯了社会各阶层的利益，引起了贵族的不满，而以此为生的平民连生计都无法维持。

国人不满厉王的暴政，怨声载道。大臣召公听到国人的议论越来越多，不满情绪越来越强烈，连忙进宫禀告厉王说："百姓已经忍受不了啦，街头巷尾

议论纷纷，再这样下去，早晚会出大乱子的。"

周厉王却满不在乎地说："不用着急，他们不过在诽谤我罢了，我自有办法让他们闭嘴的。平日里总是被他们指手画脚，我也早想收拾收拾他们了。"于是，他下了一道命令，不许国人评议朝政。厉王还从卫国招来巫师，要他们专门刺探批评朝政的人，一旦发现在背后议论朝廷、君王的人，格杀勿论。于是，国人再也不敢在公众场合里谈论任何事情，生怕不小心被卫巫认为是评议朝政。即使在路上碰到熟人，也不敢交谈招呼，只用眼色相互示意一下，就匆匆走开。镐京城内一片紧张的气氛。

🍃 防民之口，甚于防川

召公听说了厉王平息诽谤的办法，劝谏说："您这是用强制的手段来堵住民众的嘴啊！堵住民众的嘴巴，不让他们说话，其后果比堵塞急流直下的

江水还要严重。河川被堵就会决口泛滥伤人更多，国人的议论难道不是吗？用这种办法可以一时堵住百姓的嘴，但是他们的怒气并没有消失，越攒越多，一旦爆发是极为可怕的。正因为如此，治水的人要排除淤塞，使流水畅通，统治人民的人要引导民众，顺从民意，听取他们的意见。"厉王听得昏昏欲睡，摆手让召公退下。

召公叹了一口气，继续说："作为一个国家的执政者，处理政务的时候，应该让文武百官献上来自民间的民谣歌曲，讽刺文章；让乐师演奏民风民俗的音乐；让史官们进献可以借鉴的历史来警戒自己。这样百姓的意见就可以间接地传达给执政者，执政者反复权衡利弊得失，再做出符合民心的正确决策。让人们开口发表议论，人民认为好的就去实行，不好的就加以防范。这就是执政者的财富、衣食能够不断增加的道理。如果不让民众说话，君王就会像聋子一样，什么都不知道，最终会众叛亲离。"但是厉王对此不以为然，认为召公想得太多了，依旧我行我素，热衷于聚敛财富。

●易旁簋·西周

国人暴动

公元前841年镐京城内的国人再也忍无可忍，决定举行一次大规模的暴动。他们避过厉王的耳目，私下策划好策略，制定好时间。

一个漆黑的夜晚，镐京城内突然火把点点，越聚越多，都奔向同一个地方——王宫。王宫门前挤满了愤怒的国人，他们敲打着宫门，高喊着让厉王出来受死。厉王听到宫外的喊声，吓得瘫倒在地，在侍卫的搀扶下，带了一批人逃出宫去，一直逃到了黄河岸边，过了黄河到了一个叫彘（今山西霍县东北）的地方才停下来。厉王逃跑后，太子静躲到召公家。愤怒的民众要求召公交出太子。召公在危急关头忍痛割爱，将自己的儿子冒充太子交给国人。不明真相的国人将"太子"活活打死，然后四散而去。厉王虽然保住了自己的性命，但却成了一个流亡的君主。

这次暴动，历史上称为"国人暴动"。这一年，历史上称为"共和元年"。由于《史记》由共和元年开始纪年记事，因此公元前841年被视为中国历史有确切年代记载的开始。

47 共和行政

❋ 时间：西周初期

西周历史上有14年的时间处在一种奇特的时期：国君被赶出国都，由大臣和贵族统治天下。这个奇特的时期被称作"共和行政"。

● 商卣·西周

公元前841年被称为共和元年，对于这个"共和"究竟指什么，史学界历来存在着两种不同的说法。一为周、召共和说，是司马迁在《史记》中的说法。一为共伯和说，是许多先秦古籍和金文中所记载的说法。

🍃 周召共和说

周厉王逃到了彘后，派臣子凡伯回都城镐京探听消息。凡伯见暴动已经平息，就和当时还在镐京的周公、召公商议，准备接厉王回都复位。但是，国人对周厉王十分憎恨，坚决不允许他回来。周公、召公怕再次触怒人民，激起暴动，也被迫打消了这个念头。凡伯回到彘奏明情由，周厉王无可奈何，只好在彘定居。彘在汾水之畔，周人因此又称周厉王为汾王。周厉王到了这步田地，一切天子的特权都失去了，每年仅靠周公、召公派人送来的一些衣服、日用品维持生计。不过想来，老百姓造反还能留下一条性命的帝王确实不多，所以他还算是运气好的，不过周厉王本人可不这么认为，堂堂天子，不得不靠臣子救济，厉王很是郁闷，在彘凄凉地度过了14年后病死。

🍃 共伯和说

按照司马迁的《史记》的记载，周厉王不在镐京这14年中是由周公、召公二相共同执政，故称"共和行政"。但是现在学术界越来越多的人相信古本《竹书纪年》的说法。

按照《竹书纪年》的说法，周厉王被推翻后，诸侯推举共伯和摄理王事，《竹书纪年》称"共伯和干王位"。共伯和即卫武公。卫为姬姓，也是周天子的近亲，是周初封国中的大国，为东方诸侯之伯（东方各诸侯的统领）。卫国国君后来居住在共（今河南辉县），故称卫伯为"共伯"。共伯和平时好行仁义，在诸侯中很有威信，便受到拥戴以代行周天子的职务。对于老百姓来说，他们只憎恨周厉王一个人，对于谁来接替周厉王并没有太多的想法，只要不再继续垄断山川河流，不再继续堵住老百姓的嘴不让说话就行，因此，共伯和代替周天子统治了周朝14年。

周厉王死后，老百姓的怒火也由于时间久远而逐渐平息，周朝的大臣和贵族们这才立周厉王的儿子姬静为天子，这就是周宣王。

周宣王吸取了他父亲丢掉天下的教训，在政治上比较开明，得到诸侯的支持，史称"宣王中兴"。但是，经过这一场国人暴动，周朝统治者已经外强中干，所谓"中兴"只是昙花一现罢了。

西周共和与现代共和的区别

西周时期的这种"共和"，类似于古希腊和古罗马的贵族民主制，即建立在奴隶制的基础上，贵族（奴隶主）们共同决定国家大事。执政者必须得到贵族和国人的拥戴，否则就有下台的危险。这种"共和"看起来貌似现在的某些君主立宪制国家的形式，但是其实质是不同的，因为西周时期的这种共和是建立在奴隶制的基础上的，不论其最上层的领导形式是什么样子，其统治基础依旧是奴隶制。

● 散氏盘及散氏盘铭文拓片

散氏盘为西周后期厉王时代的青铜器，其造型、纹饰简练端正，因铭文中有"散氏"字样而得名。盘上共有铭文357字，记载的是西周晚期的土地契约。铭文中的所有文字都取横扁的结构，在外形上颇似后世的隶书。

48 宣王中兴

周宣王就是召公所救的太子静。国人暴动那段痛苦的经历使他心有余悸，胆战心惊，因此他即位后能够以史为鉴，励精图治，使周王朝的局势日见好转，史称"宣王中兴"。

共和十四年（前828），厉王客死他乡，太子静即位，即为周宣王。宣王因为经历了国人暴动的洗礼，亲眼目睹了父亲厉王的下场，因此继位之后能励精图治，锐意进取。他任贤使能，以召公为辅佐，起用尹吉甫、樊侯仲山甫、南仲、方叔、申伯等贤臣良将，效法周文、武、成、康等先王，全力挽救周王朝的颓败之势。宣王经过南征北战，再振了周王室的雄风，恢复了王室的尊严，诸侯再来镐京朝拜周王室。

宣王改制

● 四虎镈·西周

周宣王时，旧制度千疮百孔，面临着严重危机。周朝土地分为私田和公田。私田是农民自己耕种的土地，公田要靠借助民力来耕种，又称为"藉田"，就是用于祭祀的田地。因为农民所种私田上的收入就能维持生活了，因此就不愿意再去耕种公田，时间长了，公田就荒芜了。

周宣王于是宣布不籍千亩，打破了公田和私田的界限。但这个举措，却引起了王公大臣的强烈反对，尤其是虢文公。他认为祖制不可改，宣王的举措违背了祖宗的先法，是大错特错的。宣王据理力争，和虢文公辩论。几次辩论下来，宣王讲得有理有据，虢文公辩不过宣王，而且，他发现宣王意志坚决，也就不再说什么了。于是，宣王宣布进行改革。宣王此举，可以说是为后世土地赋税制度的变革开了先河。

料民太原

由于奴隶逃亡，户口流离，直接由周王室和奴隶主掌握的劳动力和士兵越来越少，周宣王时可以出征的士兵的人数大不如前。为了增加兵源，周宣王不得不料民于太原。所谓"料民"，就是由国家清点户口、人数，搜捕逃亡的奴隶。大臣仲山父劝周宣王不要料民，因为这样就显得王室外强中干，易引起祸乱。

宣王也很担心这一点，以前周朝兴盛的时候奴隶牢牢控制在奴隶主手中，有多少奴隶一清二楚，现在清点奴隶，就意味着周王室无力掌握全国的奴隶，就会被人笑话。但是宣王更清楚周王室现在的处境，如果不这样做的话，周王室就会更加衰微，更没有威严可讲。"料民太原"也开了各朝清查户口的先河。

南征北战

宣王即位时，四方来犯，边境很不安宁。宣王待社会安定下来后，对周边来犯的民族进行了反击。淮夷，是生活在江淮地区的夷族，周厉王时，曾侵扰周边，周军征伐不胜而回。宣王命召公统军出征，并调大司马程伯休父、卿士南仲等率师南征，平定了淮夷。西方的戎族，也即是猃狁，分支众多，实力雄厚。西戎离周王朝京师较近，威胁尤大，周宣王召秦仲之子庄公兄弟五人，给了七千名士兵，让他们征讨西戎，终于迫使西戎退却，扭转了一贯失败的战局，解除了西戎的威胁。徐方，是淮夷中的一支，位处在淮水之北，并不归顺王室，而且公然向周王室挑衅。周宣王亲自率军出征徐方，这次大战取得丰硕战果，徐国表示投降，不敢再为邪乱。

周宣王是一位非常有作为的君王。他的"宣王中兴"仅是危机四伏的周朝的回光返照，并没有保持多长时间。宣王死后，他的儿子宫湦继位，就是周幽王。幽王荒淫好色，以至于后来搞出了"烽火戏诸侯"的闹剧，西周的江山也就这样断送在他的手中。

●毛公鼎

此鼎是目前已发现的铭文字数最多的一件周代铜器，共有497字，具有珍贵的历史价值。铭文记载，周宣王要求臣下处理政事时，要广开言路；在征收赋税时不得贪污；对下属要严加管束等。

49 烽火戏诸侯

❀ 时间：前781～前771

"**良**夜颐宫奏管簧，无端烽火烛穹苍。可怜列国奔驰苦，止博褒妃笑一场。"周幽王烽火戏诸侯，最终不但赔上了自己的性命，也赔上了西周王朝的江山。

宣王四十六年（前782），宣王去世，其子幽王即位。幽王（前781～前771年在位）是西周的最后一个王，他即位后，亲小人，远贤臣，沉溺女色。而在后宫及王位继承问题上，幽王的荒诞和一意孤行，直接导致了周王朝的灭亡。

褒姒的身世

幽王有一个宠妃叫褒姒，"褒"为国名，"褒姒"即为从褒国嫁入周王室的女子。传说褒姒是龙涎所生的妖女。夏朝末年，有两条龙忽然停在夏朝王宫的大殿之上，自称是褒国的两位先祖。夏王叫人占卜，结果显示无论是把这两条神龙杀掉或赶走都不吉利，只有将视为龙的精气的龙涎封藏起来才为吉，所以夏王在神龙走后将它们留下的

● 刖刑奴隶守门鼎·西周

龙涎用匣子封存起来。就这样，这个装着龙涎的匣子一直传到了西周王朝，历经三代都没有人敢开启。直到周厉王末年，厉王因好奇将它拿出来观看。不巧龙涎从匣子里流淌出来，怎么也除不掉。厉王就叫宫女们赤裸着，大声叫嚷，想把龙的精气吓走。龙涎于是化作一条大蜥蜴潜入后宫。它在后宫碰到一个7岁的小宫女，而这个宫女在及笄之后便生下了一个女婴。由于无父而生，宫女遂将她抛弃。宣王时，民间流传一句童谣说："桑木做的弓、箕木做的箭袋，是导致周亡国的元凶。"宣王听到歌谣后，恰好发现在都城有一对夫妇正

在卖这些东西，于是叫人把他们抓起来杀掉，以除后患。这对夫妇仓皇逃命，而他们在逃亡的路上恰好碰到被宫女丢弃的女婴，于是将她抱走养大。这个女婴长大后出落成惊艳四方的绝色美女。

褒人赎罪献美女

周幽王是个荒淫无度的昏君，宠信虢石父珦、祭公、尹球三个佞臣，整日不问朝政，胡作非为，吃喝玩乐。大夫褒珦劝诫周幽王要勤于朝政，亲贤臣，远小人。周幽王不但不听，还把褒珦关进了监牢，从此再也没有人敢劝诫他了。

褒珦被幽王囚禁在狱中三年，吃尽了苦头，褒珦的家人想尽一切办法想要救他。

一天，褒珦之子来到乡间，见到一个少女在井边汲水。这个少女虽然是荆钗布裙，却不掩国色天姿。褒珦之子不禁心中一动。他想，既然幽王好色，何不用美色来打动他，让他宽恕自己的父亲呢？于是他四下打听，找到了女子家中，出重金买下了此女。

褒珦之子把这个女子带回家中，就算是褒家的人了，为她起名褒姒，然后便准备把褒姒进献给幽王。褒珦家人教给褒姒各种礼节，又教她音律和舞蹈，再花重金买通了虢石父，将褒姒进献给幽王。幽王后宫虽然佳丽无数，但是见到褒姒还是眼前一亮，褒姒的姿容态度，目所未睹，流盼之际，光艳照人。幽王不禁兴奋得手舞足蹈，说："别的地方虽然进献来了那么多美人，都还不及褒姒的万分之一。"幽王龙颜大喜，立刻释放了褒珦。从此幽王整日与褒姒如胶似漆，更加不理朝政。不久，褒姒就生下了王子伯服。

千金买一笑，烽火戏诸侯

据说褒姒虽然长得沉鱼落雁，闭月羞花，但是进宫以后从来没笑过。幽王为了取悦褒姒，命宫中的乐师奏乐，但是褒姒的脸上仍然一点笑容也没有。幽王就问："你既然不喜欢音乐，那你喜欢听什么声音？"褒姒说："我没什么喜欢听的，就是有一次用手撕开彩绸，觉得那个声音还挺好听。"幽王立刻叫人取来大批彩绸，命人在宫里不停地撕。可是褒姒虽然喜欢听这声音，但还是没有露出笑容。幽王于是下了悬赏令：无论是谁，只要能让褒姒笑一下，就赏他黄金千两。

虢石父给幽王出了主意："以前先王为了防备西戎入侵，在骊山（今陕西临潼东南）脚下设置了20多座烽火台，一旦有西戎入侵，守关的士兵白天就放烟，夜间就点火。从第一座烽火台开始，一座接着一座地点火或者放烟，附近的诸侯见到烽火，就会发兵来救援。这几年天下太平，烽火一直没点过。您要是想让王后笑，可以和王后到骊山游玩几天，到了晚上就点起烽火，诸侯的援兵肯定来。而他们来了却没有敌军，王后见那么多人马扑了个空，一定会笑的。"

幽王为博美人一笑，第二天就带着褒姒来到骊山。当时司徒郑伯友（幽王的叔叔）正在朝中，听到幽王要烽火戏诸侯，急忙来到骊山劝阻幽王："烽火台是先王应急来用的，诸侯以此为信。今无故点火放烟，戏弄诸侯，将来如果真有兵事，即使烽火连台，诸侯必定不信，以后有兵事还用什么来召集诸侯？大王三思啊。"

幽王大怒，说："如今天下太平，还会为什么事情出兵啊！我现在与王后出游骊宫，也没什么可以拿来娱乐的。点烽火只是和诸侯们开个玩笑罢了，难道他们还会生我的气不成？就算出什么事情，那也和你无干！"

于是，幽王便下令点烽火。京城附近的诸侯看到烽火，以为镐京遭到了入侵，纷纷连夜率兵赶来救援。可他们到了骊山脚下，没有见到一个敌人，只听到骊山上鼓乐喧天。周幽王派人对诸侯们说："其实没有外敌入侵，只不过是我和王后跟大家开个玩笑罢啦！"诸侯一听此话，无不愤慨，但这是大王开的玩笑，谁也不好说什么，只好各自带兵走了。褒姒在山上，看到诸侯们带兵急匆匆赶来，又什么事都没有。山下人喊马嘶，乱成一团，最后都一个个蔫头耷脑地回去了，于是冷笑了一声。

就这一声冷笑，笑得周幽王心花怒放，于是赏赐了虢石父千金。从此更加宠爱褒姒，却不知他已经失信于众诸侯了。

当时的诸侯、贵族以及国人都对幽王宠褒姒表示不满，并把周的亡国归咎于褒姒。《诗经·瞻卬》中"妇有长舌，维厉之阶，乱匪降自天，生自妇人"的诗句即反映了国人对褒姒的不满。与此同时，幽王还随意征发赋役，夺取人民的财物土地，使得民怨更深。幽王的昏庸无道所导致的天怒人怨，使得统治阶级部内部的贵族都感到形势危殆，纷纷另谋出路：大臣皇父在东部另建自己的城邑，司徒郑伯友也到东部寻找立足之地以避祸。

申侯西戎联合攻幽王

周幽王一意孤行，甚至用废申后和太子宜臼，立褒姒为后、伯服为太子的方法来博取美人的欢心。幽王这不计后果的一废一立，终于招来了灭国之灾。

申后是申侯的女儿。申侯听说幽王

废了申后而立了褒姒，就上疏进谏："从前夏桀宠爱妹喜以致夏朝灭亡，商纣宠爱妲己以致商朝灭亡。您现在宠信褒姒，还要废太子，这是亡国之兆，请大王不要再这样做了。"幽王一听，勃然大怒，说："申侯怎么能把我比作夏桀、商纣？"于是命令虢石父为大将，准备起兵征讨申国。

申侯听说幽王要派人来攻打，大吃一惊，申国国小兵少，怎么能抵挡得住天子的军队？大夫吕章出主意说："西戎兵力强大，我们不如请他们出兵帮助我们进攻镐京，逼幽王传位给太子吧。"申侯也没有别的办法，就准备了一车金帛送给西戎，请求借兵攻打镐京，并且许诺，攻下镐京，国库中的所有金帛西戎可以随便拿走。西戎头领欣然答应，带领大队人马会合了申国的兵马，一起包围了镐京。

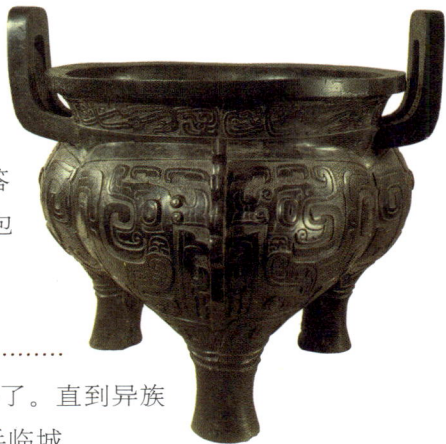

西周的覆灭

幽王醉心玩乐，已经好久没有理会政事了。直到异族的人马打到城下，才惊得一跳而起。一看兵临城下，幽王慌得手足无措，想了想，急忙命令手下点起烽火。烽火台上又高高升起了狼烟，可是附近的诸侯却没有带兵前来援助。幽王率兵与西戎军队战于骊山，大败而归。幽王只好带着褒姒和伯服仓促出逃，结果被杀于戏（今陕西临潼），而褒姒则被西戎掳获而去。在周被攻以至幽王被杀的过程中，各地的诸侯都没有派兵前往营救，除了是"烽火戏诸侯"的恶果之外，更在于周天子已失去了对诸侯的控制，因此诸侯才敢按兵不动，坐山观虎斗。

幽王被杀之后，伯服逃到晋国，晋有立伯服之意。而申侯则联络了一些诸侯拥护前太子宜臼即位。因为申侯方面的势力较为强大，所以晋侯最终杀了伯服，倒向了宜臼一方。宜臼即位，是为平王。西周京畿所在的镐京，由于西戎破坏，已残败不堪。平王继位后于第二年，即公元前770年，在晋文公、郑武公、卫武公、秦襄公等人的护送下迁都洛邑，建立了东周。历时280多年的西周王朝正式宣告灭亡。

●师趛鬲·西周

此器为炊煮或盛食器，造型雄奇瑰丽，回首张口大夔纹，在装饰上也表现了强烈的艺术效果。

西周

西周的青铜器

西周是中国奴隶制度继续发展的时期，由于奴隶制上层建筑的需要，促进了青铜制造业的进一步发展。青铜礼器种类增多，按照周礼的要求，青铜礼器有严格的组合制度。如钟、鼎、鬲、壶、豆、盘等青铜礼器都要按照规定数目配套使用。基于这样的历史缘故，所以发现的西周墓葬和窖藏的青铜器大多是成组和成群地出土，如扶风县庄白村西周青铜器窖藏中一次出土103件器物。

西周时期的青铜器大部分铸有铭文，少则几字、几十字，多则达几百字，铭文内容简明扼要地记述了当时的奴隶买卖、战争、赏赐、祭祀和法律诉讼等情况，补充和纠正了史书记载之缺误，是研究西周历史的珍贵资料。

▲伯各卣

◎1976年陕西宝鸡出土，右高33.6厘米，左高27.5厘米。两件卣造型相同，均为椭圆体，横置提梁，高沿盖，直口，深腹下垂，高圈足。提梁两端置羊首。提梁饰龙纹，中部左右各设一牛首。整器纹饰均以细雷纹为地，所饰兽面纹的羊角大而高凸，角尖翘出器表。四条棱脊自盖至足。这一对卣制作精良，装饰华丽，具有极强的立体感。

▶立体夔纹圆鼎

◎此鼎双立耳，三柱足，盖平面扣在鼎口上，盖面中央有一方形提耳，周围又有3条立体夔纹纽，倒立可作3足。鼎腹较直，腹底平阔，颈饰一周饕餮纹，腹饰两条对称竖立夔纹组成的蕉叶纹。柱足较高，中部微收，3足承腹处外鼓，饰兽面纹。足根及腹部有扉棱，造型别致，花纹富丽堂皇，极富装饰效果。

◀折觥

◎1976年陕西扶风出土，通高28.7厘米。长方形腹，有盖。盖前端作成兽头，刻有铭文，内容是：周代某王十九年命作册折给相侯贶赠望土，并赏赐给折奴隶和青铜，折因受荣宠，而为父乙作器。该器造型稳重，装饰富丽，是青铜器断代的标准器。

▶伯各尊

◎1976年陕西宝鸡出土，高25.8厘米。圆筒形尊，侈口方唇；深腹，高圈足。自口至足有4条棱脊。口沿下脊两侧由相对龙纹组成蕉叶纹，颈饰龙纹，腹饰双角凸出器表的兽面纹，两侧附以龙纹，圈足饰龙纹。通体纹饰以雷纹衬地，腹内底铸铭文2行6字："伯各作宝尊彝"。

帝王世系表

约公元前30世纪～公元前771年

五帝

约前30世纪～约前21世纪初

帝号	帝王原名
黄帝	轩辕氏
颛顼	高阳氏
帝喾	高辛氏
尧	陶唐氏，名放勋
舜	有虞氏，名重华

夏

前2070～前1600

帝号	帝王原名
禹	
启	
太康	
仲(中)康	
相	
少康	
予	
槐	
芒	
泄	
不降	
扃	
廑	
孔甲	
皋	
发	
桀	履癸

商

前1600～前1046

帝号	公元
汤	
太丁	
外丙	
仲(中)壬	
太甲	
沃丁	
太庚	
小甲	
雍己	
太戊	
仲(中)丁	
外壬	
河亶甲	
祖乙	
祖辛	
沃甲	
祖丁	
南庚	
阳甲	
盘庚	
小辛	
小乙	
武丁	前1250～前1192
祖庚	

商

	帝号	公元
前1600～前1046	祖甲	前1191～前1148
	廪辛	
	康丁	
	武乙	前1147～前1113
	文丁	前1112～前1102
	帝乙	前1101～前1076
	帝辛（纣）	前1075～前1046

西周

	帝号	帝王原名	公元
前1046～前771	武王	姬发	前1046～前1043
	成王	姬诵	前1042～前1021
	康王	姬钊	前1020～前996
	昭王	姬瑕	前995～前977
	穆王	姬满	前976～前922
	共王	姬繄扈	前922～前900
	懿王	姬囏	前899～前892
	孝王	姬辟方	前891～前886
	夷王	姬燮	前885～前878
	厉王	姬胡	前877～前841
	共和行政		前841～前828
	宣王	姬静	前827～前782
	幽王	姬宫湦	前781～前771

传说时代 夏商 西周的故事

◎ **特邀编审：** 王方宪　王瑞祥　徐松巍

◎ **特邀审读：** 童　超

◎ **文图编辑：** 程　慧

◎ **文稿撰写：** 陈　栩　陈　宇　程栋良　崔晓军

冯文丹　胡伟达　邝向雄　李明奎

李小龙　刘　智　覃　睿　王　歆

王　尧　邢　晔　药　强　张　玮

张文静（排名不分先后）

◎ **美术编辑：** 辰　征

◎ **封面设计：** 垠　子

◎ **版式设计：** 阮剑锋

◎ **图片提供：** 王　露　郝勤建

湖北省博物馆

Fotoe.com